汲古叢書151

辻　大和著

朝鮮王朝の対中貿易政策と明清交替

汲古書院

目　次

図表一覧

凡例

一、引用史料の原文には旧字体を使用し、史料名と訳文、韓国語・中国語・日本語の研究書・論文の書誌は新字体を使用する。ただし、フォントの都合上、新字体で表示せざるを得ない場合など、一部に例外もある。

一、引用史料の原文・訳文中の［　］は割註、□は判読不明をあらわす。

一、引用史料の原文・訳文に付した傍点、傍線は筆者による。

一、史料訳文中の〔　〕は筆者による補足をあらわす。

一、行論中の紀年は朝鮮の国王在位紀年を主とし、西暦を付記する。明関係記事については明の年号紀年を適宜付記し、後金建国（一六一六年）以後の後金・清関係記事については後金・清の年号紀年を適宜付記する。太陽暦である西暦の一年は太陰太陽暦の一年と月日のレベルで完全に一致しないが、本書において前近代の紀年に関して使用する西暦は、従来東洋史学で慣例的に用いられてきた紀年に基本的にしたがう。

一、満洲人の人名については、初出の際に満洲語音のカナ表記（アルファベット表記（メルレンドルフ式）／朝鮮史料での漢字表記）の順に示す。

朝鮮王朝の対中貿易政策と明清交替

序　論

本書は一七世紀前半における朝鮮の対明清貿易政策の展開について論じる。朝鮮国王は明清の皇帝から冊封を受け、毎年定期的に朝鮮から明清へ使節を派遣した。そのため、朝鮮は明清から政治上大きな影響を受けた。一七世紀前半の時期は明から清へ王朝が交替する時期にあたり、一九世紀末まで朝鮮をとりまく国際環境の基礎が形成される時期であることから注目される。ただ後述するように朝鮮の対明清関係に関する研究において、貿易政策に関する分野は未だ課題が多い。例えば朝鮮は貿易によって銀や、薬材といった貴重な物資を明清から入手することができたが、その輸入のために使節団の貿易や国境地帯での貿易を朝鮮王朝がどのように管理していたのかということは明らかでない。

議論の前提として、一七世紀前半における朝鮮と東アジア貿易との関係を概観しておきたい。一七世紀初頭、宣祖二五（一五九二）年からの壬辰・丁酉の乱（日本軍の朝鮮侵入）により、日本から朝鮮を経て明に至る貿易ルートは一時途絶していた。しかし朝鮮と明の間では、朝鮮が明に派遣する使節団である燕行使による既存の貿易に加え、乱中の宣祖二七年ごろから朝鮮と明の国境に位置する平安道義州郊外の中江において新たに互市形態の貿易が開始され（中江開市）、光海君五（一六一三）年にそれが廃止されるまでは両者が併存した。朝鮮の対明関係は、宣祖二七年から光海君五年までの間は朝貢と開市が平行して行われたのに対し、光海君五年以降は朝貢だけの関係に復帰していた。そして光海君一三年に、朝貢路の途中に位置する瀋陽と遼陽が後金に陥落させられて、陸路による明への使節派遣が困難になると、朝鮮は仁祖一四（一六三六）年まで海路で明に使節を派遣した。

そして朝鮮と日本の間でも、光海君元（一六〇九）年に朝鮮が対馬の通交再開を許し、光海君三年から両者による釜山での貿易が始まった。こうして、壬辰・丁酉の乱後の朝鮮経由の国際貿易が再開した。

一方で光海君八（一六一六）年に建国された後金との間では、仁祖五（一六二七）年に講和を結ぶまで朝鮮は貿易を行っていなかった。仁祖五年に朝鮮は後金との間で講和を結ぶと、仁祖六年から後金にも定期的に使節を派遣して、国境の中江でも開市（互市）貿易を行うようになった。使節派遣に伴う礼物と開市貿易の二本立てによる朝鮮の対後金（仁祖一四年から清）貿易は以後仁祖一五年まで続いた。

その後朝鮮は清に侵略されると（丙子の乱、仁祖一五年）、これに服属することとなり、明と絶交して、清に朝貢使節を派遣したほか、仁祖二四年に国境での開市も再開した。それ以降一九世紀末まで朝鮮と清の間では、朝貢と開市が併存した。

さて、一七世紀前半以降の東アジア貿易については、フェアバンクらによる先駆的な研究[3]によって中国の周辺諸国が朝貢を中心とする対明清貿易を行っていたことが解明された。そして近年、岩井茂樹[4]と中島楽章[5]によって、一六世紀以降の明の国際貿易に関する研究が深められた。岩井は明の辺境（特に華南、モンゴル）における一六世紀中葉からの互市の発展過程を分析し、明建国以来の朝貢一元体制が崩壊していったとする。また中島は、一六世紀末に日本・華南・東南アジアの一帯で互市・往市・密貿易が活発に行われるようになり、朝貢貿易だけの体制から転換がなされたとする。つまりそれらの研究は、一六世紀後半以降、従来の朝貢に加えて互市や住市、密貿易も行われるようになり、東アジア諸国の対明清貿易の方法が多様化したという点に、大きな意義を見出すのである。

また日本に重点をおいた東アジア貿易研究において、川勝平太・濱下武志らによって日本の対清貿易が日本の工業化の初期条件となったとする説が提起された[6]。また日本が朝鮮に銀を輸出して朝鮮に大きな経済的影響を与えたことを田代和生や鄭成一、ルイスらが明らかにしている[7]。

これらの研究では東アジア貿易の客体として、朝鮮の事例が登場することはあったが、一七世紀前半以降、朝鮮が主体としてどのように対明清貿易に取り組んだのかは扱われなかった。一七世紀前半の朝鮮王朝による対明清貿易への取り組みが明らかになれば、対明清貿易に対する東アジア諸国の取り組みに関して、新たな事例と視角を提供することができるようになるであろう。

もちろん一七世紀前半の朝鮮による対明清貿易への取り組みに関する研究には、以下に見るように一定の蓄積があるが、そこには複数の課題が残されている。

一　先行研究の概況と課題

ここでは一七世紀前半の朝鮮の対明清貿易に関係する研究[8]の概況を述べ、課題を提示する。

一九四五年以前の大きな研究成果としては今村鞆の研究[9]が挙げられる。今村は朝鮮総督府専売局の嘱託として人蔘[10]に関する文献を渉猟し、『人蔘史』七巻にわたって古今東西の人蔘に関する事件を植物学的、医学的、歴史学的な面から整理した。今村は特に朝鮮の対外貿易における人蔘の動向に注目し、人蔘が朝鮮王朝の主力輸出品であったことを実証した。以後の歴史学における人蔘研究は、今村によって発掘された事実、文献が基礎となっている。ただし、今村は朝鮮王朝の貿易政策を一貫した虐民政策とみなし、悪政であったとする見解を示していた。

今村の研究以外にも、一九四五年以前の朝鮮の対明清貿易研究では事実発掘が行われた。稲葉岩吉は中国東北部と朝鮮との歴史的関係を整理したほか(11)、一七世紀朝鮮の国王光海君が明と後金の間で中立的な外交を行ったことを解明した(12)。鶴見立吉は咸鏡道会寧で朝鮮が後金（清）との間で行った開市の概略を明らかにし(13)、田川孝三は平安道沖の椵島を占拠した明将の毛文龍の活動（光海君一三（一六二一）～仁祖七（一六二九）年）とそれへの朝鮮の対応を明らかにするとともに(14)、一七世紀における煙草の朝鮮への流入過程を紹介した(15)。四方博は一七世紀前半に中江開市がはじまったこと、一九世紀初頭までには対中貿易の規模が拡大したことを紹介した(16)。

このように一九四五年以前の研究において、一七世紀以降微弱ながら朝鮮の対明清貿易が進展したことが、ある程度明らかになっていた。ただし朝鮮からみた対明清貿易の意義には触れられず、朝鮮政府の施策についてはこれを「悪政」と評価するものが中心であった。

これに対し、一九四五年以後の研究では朝鮮の対明清貿易の意義について、商業面から注目する研究が進んだ。姜万吉は特に一七世紀後半以降、国際的な人蔘取引を通じ、開城商人が資本を蓄積したとした(17)。ただし姜の研究では、政府の人蔘取引統制の開始時期については関心が払われなかった。その後呉星は、一七世紀後半以降、朝鮮政府が商人に加えた統制の具体的な内容を整理するとともに、人蔘商人の活動動向を貢人（政府官庁御用商人）や私商（政府の認可を受けた商人）、潜商（密輸商）といった形態別にはじめて明らかにした一方で、商業の発展を阻止するために政府が商人を規制したとした(18)。これらの研究では朝鮮後期における対明清貿易は、朝鮮の商業を「発展」させたものとして肯定的な意義をもったが、朝鮮政府の貿易政策は商業の発展を阻害するものとしか注目されなかった。

一九四五年以降の研究では個別の貿易手法や物産に関する研究も深められた。例えば韓国では金鐘円が朝鮮と清との間の人蔘を中心とする貿易の経緯を整理し(19)、柳承宙(20)や韓明基(21)、李賢淑(22)、許泰玖(23)などが一七世紀初頭に明と朝鮮の間で銀や火薬原料が往来した過程を検討し、朝明間における物資の流れの解明を進めた。李哲成は清と朝鮮との間で織物や人蔘などが往来した事実を明らかにし、[24]柳完相が中江開市の成立過程について詳細に解明した。[25]韓国以外では、荘吉発[26]が入関前の清と朝鮮の貿易の沿革について研究を行い、張存武[27]と畑地正憲[28]が清代（一六三〇年代以降）の燕行使貿易について実証的研究を行った。そして寺内威太郎[29]が一六四〇年代以降の朝中国境地帯での開市に対する朝鮮政府の対応を解明した。さらに一六三〇年代の朝清間の密貿易についての研究も行われた。[30]これらの研究によって、朝鮮後期の朝中貿易は一八八〇年代まで燕行使貿易と国境での開市（中江、会寧、慶源）が併存していたことが明らかになった。

これら先行研究のなかでもっとも詳細に一七世紀初頭朝鮮の対中貿易を探究したのが前述の韓明基である。韓明基は壬辰・丁酉の乱に際した明軍の朝鮮来援により、朝鮮が受けた経済的・文化的・社会的影響を論じ、特に経済的影響として、朝鮮国内に明軍が物資調達のために銀を持ち込んで銀の流通が進んだことや、中江開市を通じて朝鮮が遼東の物資輸入を企図したことを解明した。[31]さらに朝鮮が中江開市の廃止を早くも一六〇〇年から図るなど開市に消極的に対応したことを浮き彫りにするなど[32]重要な発見を行った。

しかし、こうした研究の進展によりさらなる課題が浮上すると考えられる。以下に複数の課題を提示する。

第一の課題としては、朝鮮からみた開市と朝貢の違いに対する分析が深められていないことがある。朝鮮が燕行使（朝貢）によって、積極的に明と貿易したことが李賢淑の研究で明らかになった。李賢淑は朝鮮が燕行使を通じて一七世紀初頭に積極的に明の火薬や織物といった物資を輸入した状況を明らかにした。[33]それに対し、朝鮮が消極的な姿勢を持ったまま中江開市を継続させた理由が不明なのである。朝鮮にとって中江開市と燕行使貿易の違いとは何だったのか。それが不明なのは従来の研究において中江開市が、開市（互市）という手段により行われた意味について十分に考察されず、中江開市と燕行使貿易との比較がなされていないことにも起因すると考えられる。[34]

第二の課題としては一七世紀対明貿易に関する研究において、光海君一三（一六二一）年以降、朝鮮が明と海上通交を行った時期がほとんど取り上げられていないことがある。ただし、朝鮮と明との間を往来した使節に関する研究は近年盛んであり、松浦章は仁祖七（一六二九）年に朝鮮使節の使行路が山東省登州から遼東寧遠経由に変更を強いられたことを使節の記録から明らかにし[35]、その背景に明将の袁崇煥が毛文竜の活動を牽制する意図があったとした[36]。孫兌鉉は海路で朝鮮使節が訪中した際の使行船の建造技術、航海技術などが劣悪なため、官僚に航海を忌避する傾向があったことを論じた[37]。鄭恩主は使節団に随行した画員の記録画を発掘し[38]、使節団の経由地の詳細な比定を行った[39]。そして徐仁範は朝鮮使行船の数をはじめて計上した上で、朝鮮使節団員が海を恐れて出発時に海神や天妃の祭祀を行なったことを論じた[40]。このように近年は朝鮮と明の海上通交に関する研究も盛んであるものの[41]、そこでは貿易の問題がほとんど取り上げられておらず、貿易研究上の空白時期となっている。

第三の課題としては、朝鮮の対後金（清）貿易政策がほとんど明らかになっていないことがある。仁祖六（一六二八）年から仁祖二二年の間に行われた朝鮮と後金（清）との貿易については、田川孝三の研究[42]が、朝鮮の歳幣、開市が後金の財政補塡のために求められたことを示したのに続き、江嶋壽雄は歳幣の実例を悉皆調査し、歳幣の財政的意味は大きくないとした[43]。そして同時期の朝鮮・後金（清）貿易は劉家駒が基本的な沿革を解明し、韓明基は朝鮮が後金（清）の国際貿易ルートとして重要視されたことを明らかにした。これらの研究により、深く朝鮮・後金（清）関係を知ることができるようになった[44]。しかしいずれの研究においても、開市貿易で発生した問題や、朝鮮が消極的ながらも後金（清）と貿易を続けた原因はほとんど明らかになっていない。

第四の課題は、一七世紀前半朝鮮の対明関係が日朝通交にどう影響したかが明らかになっていないことである。光海君元（一六〇九）年に朝鮮が対馬に通交を許した後の日朝通交については、田代和生[45]が日朝双方の貿易管理の変遷を解明しており、米谷均[46]が講和交渉期直後の武器貿易の内容を明らかにした。閔徳基[47]は講和交渉を詳細に分析し、朝鮮が己酉約条により「羈縻圏交隣」に再度対馬を編入した、とする独特な外交史理解を打ち出した。しかしこれらの研究においては朝明関係が、己酉約条以降の日朝通交にどのように影響したのかについては考察を行っていない。

以上のことを総括すると、一七世紀前半朝鮮の対東アジア貿易に対しては、より細密な分析が行われるようになってきたものの、依然として克服されるべき課題が残されている。すなわち、朝鮮からみた開市と朝貢の違いに対する分析が深められていないこと（第一の課題）や、朝明間の海上通交期における貿易の問題がほとんど取り上げられていないこと（第二の課題）、朝鮮側からみた対後金貿易政策がほとんど明らかになっていないこと（第三の課題）、己酉約条以降朝明関係の朝日通交に対する影響の考察が行われていないこと（第四の課題）などがそうである。

これら個別の課題は、一七世紀前半における朝鮮政府の対明清貿易への取り組みに関して、通時的な着目がなされなかったために生じたと考えられる。日朝関係に関する研究では田代のように、一七世紀から一八世紀にかけての時期全体を扱っているものもあるが、朝中貿易に関する研究では李賢淑が明末以前を、張存武と寺内は清建国（仁祖一四（一六三六）年）以後を扱うに留まっている。しかし朝鮮と明清間の貿易は実際には継続しており、明末と清初に分断して朝鮮の貿易を分析することには問題がある。明末と清初に分断せずに朝鮮の貿易政策に着目する必要がある。

二　方法

以上のように一七世紀半ばまでの明清交代の時期を通した、朝鮮政府の貿易政策の展開が大きな課題であるといえる。明から清へと中国の王朝が交代する際に、朝鮮政府が、対明清貿易にどのような政策をとったのか、ということである。これらの課題を検討するために、筆者は朝鮮、明、後金（清）という複数の主体の年代記史料、外交文書類を調査した。特に明清と朝鮮によって作成された貿易に関する史料に着目した。朝鮮については『備辺司謄録』、『承政院日記』や『朝鮮王朝実録』など、明については『明実録』、後金（清）については『清実録』などの朝鮮・中国双方の史料の中から関係記事を幅広く抽出し、分析を行った。また朝鮮の外交記録については『通文館志』や『辺例集要』などの史料も参照し、明清の外交については檔案史料（たとえば台湾の中央研究院歴史語言研究所所蔵の内閣大庫史料など）なども用いた。

三　各章の概略

以下、本書では一六世紀末から一七世紀半ばに至るまでの明清交代の時期における、朝鮮政府の対明清貿易政策の展開を明らかにするために、前述の課題に沿って通時的に貿易政策を検討する。

第一章では第一の課題を検討する。壬辰・丁酉の乱後、一五九〇年代から一六一〇年代にかけて朝鮮が中江開市と燕行使貿易に対してとった立場の形成過程と背景を明らかにする。まず朝鮮が対明貿易をどのように進行させたのかを、中江開市に重点をおいて考察し、次に燕行使による貿易活動が継続した一方で、開市（互市）が廃止にいたる過程を検討する。そして中江開市と燕行使貿易が持っていた問題に対する朝鮮政府の施策を明らかにする。

第二章では第四の課題である、朝明関係が己酉約条以降の日朝通交に及ぼした影響について考察する。一五九〇年代から一六一〇年代の日朝貿易において朝明関係がどのように作用し、朝鮮政府が対策を行っていたかを中心に論じる。まず日朝通交が再開した過程について整理した上で、明からみた日朝貿易の問題点について論じ、明が行った日朝通交への干渉の背景について、琉球侵攻の影響を中心に論じる。

第三章では、第一の課題に関係した、朝鮮政府による貿易政策の具体例を考察する。一五九〇年代から一六〇〇年代における朝鮮政府の輸出商品であった人蔘の輸出管理問題を取り上げる。中国への人蔘輸出が盛んに行われた一六〇〇年代において、朝鮮政府による人蔘取引への取締政策が具体的にどのように形成され、その後どのような経緯により定立したのかを解明する。

第四章では一六二〇年代から一六三〇年代にかけての海路使行と貿易の問題（第二の課題）の実施状況について、使行経路の変遷経緯および使節団の構成と使行船を中心に整理した上で、海路使行にともなう貿易の拡大を論じ、海路使行により生じた諸問題を考察する。そして問題への対処策として朝鮮と明政府による密貿易対策を分析する。

第五章は、第三の課題の前半として仁祖六（一六二八）年以降、仁祖一五年まで朝鮮が後金（清）に対してとった貿易政策を明らかにする。まず朝鮮・後金（清）間の貿易の展開過程を開市、使節貿易など形態別に整理する。そして開市をめぐる朝鮮政府の具体的な政策を分析し、朝鮮政府の貿易政策の背景を論じる。

第六章は第三の課題の後半（仁祖一五（一六三七）年以降）として、丙子の乱後、明滅亡（仁祖二二年）までの間、朝清間の朝貢や開市などの公式な貿易、密貿易を含め、どのような貿易政策を朝鮮政府がとったのかを考察する。まず朝清間における朝貢と開市の展開過程について整理した上で、朝鮮が行った朝貢と開市以外の貿易について考察し、そのような貿易を朝鮮政府がどのように成立させたのかを知るために、朝鮮と清間における官員の往来について考察する。そして密輸問題と朝鮮政府の対策、その影響について論じる。

注

（1）朝鮮の対明使節は同時代には朝天使、朝京使などの用語で記録に現れることもあるが、本書では昨今の学界で共通用語となってきた、燕京を目指す使節という「燕行使」の用語を用いる。

（2）外交手続を介さずに外国商人ないし政府機関同士によって国境などで商取引が行えるもの。

（3）John K. Fairbank ed. *The Chinese World Order: Traditional China's Foreign Relations*, Cambridge, Mass: Harvard University Press, 1968.

（4）岩井茂樹「一六世紀中国における交易秩序の模索」『中国近世社会の秩序形成』（京都大学人文科学研究所、二〇〇四年）、同「帝国と互市――一六～一八世紀東アジアの通交」籠谷直人・脇村孝平編『帝国とアジア・ネットワーク』（世界思想社、二〇〇九年）。

（5）中島楽章「一六世紀末の九州―東南アジア貿易――加藤清正の対ルソン貿易をめぐって」『史学雑誌』一一八―八、二〇〇九年八月、同「封倭と通貢――一五九四年の寧波開貢問題をめぐって」『東洋史研究』六六―二、二〇〇七年九月、同「一六世紀末の福建―フィリピン―九州貿易」『史淵』一四四、二〇〇七年三月。

（6）川勝平太・濱下武志編『アジア交易圏と工業化――一五〇〇―一九〇〇』（リブロポート、一九九一年）。

（7）田代和生『近世日朝通交貿易史の研究』（創文社、一九八一年）、同『日朝交易と対馬藩』（創文社、二〇〇七年）、鄭成一『朝鮮後期対日貿易』（新書苑、二〇〇〇年）、James B. Lewis, *Frontier Contact Between Chosŏn Korea and Tokugawa Japan*, London: Routledge Curzon, 2003.

（8）朝鮮と明との外交史についても研究の豊富な蓄積が見られる。たとえば李鉉淙は朝鮮に来訪した明の使節を網羅的に調査し（李鉉淙「明使接待考」『郷土서울』一二、一九六一年一一月）、全海宗は丁卯の乱（一六二七年）時の外交交渉を解明したほか、朝貢の制度変遷を整理した（全海宗「倭乱・胡乱時의 劉海와 劉興祚」『暁城趙明基博士華甲記念 仏教史学論叢』（同書刊行委員会、一九六五年）、同「丁卯胡乱의 和平交渉에 대하여」『亜細亜学報』三、一九六七年五月、同「韓中朝貢 関係考――韓中関係史의 鳥瞰을 위한 導論」『東洋史学研究』一、一九六六年一〇月、同「清代 韓中関係의

一考察 ——朝貢制度를 통하여 본 清의 態度의 變遷에 대하여」『東洋学』一、一九七一年一〇月。これらの論文は後に全海宗『韓中関係史研究』(一潮閣、一九七七年)に収録された)。

劉家駒は後金の発展過程において朝鮮との関係が重要であったと論じた(劉家駒「崇徳改元与太宗伐朝鮮之役」『沈剛伯先生八秩栄慶論文集』(聯経出版事業公司、一九七六年)、同「天聡元年阿敏等伐朝鮮之役与金国朝鮮兄弟之盟」『食貨月刊』復刊第七巻第一〇期、一九七八年一月、同「金国、朝鮮之建交与開市」『食貨月刊』復刊第九巻第一、二期、一九七九年五月、同「清初朝鮮助兵攻陥皮島始末」『食貨月刊』復刊第一一巻第五期、一九八一年七月、同「清初与朝鮮締結媾婚及朝鮮進献侍女考」『食貨月刊』復刊第一二巻第三期、一九八二年六月、同「清初徴兵朝鮮始末(上)」『食貨月刊』復刊第一二巻第九期、一九八三年二月、同「清初徴兵朝鮮始末(下)」『食貨月刊』復刊第一二巻第一二期、一九八三年三月、同「清初朝鮮世子等入質瀋陽始末」『中韓関係史国際検討会論文集 九六〇～一九四九』(中華民国韓国研究学会、一九八三年)、以上の論文は後に劉家駒『清朝初期的中韓関係』(文史哲出版社、一九八六年)に収録されている)。ほかに使節の研究に関係して、鈴木開は一六二〇年代に明と後金に派遣された使節の交渉活動を明らかにした(鈴木開「一六二〇年の朝鮮燕行使李廷亀一行の交渉活動——光海君時代における対明外交の一局面」『東洋学報』九一(二)、二〇〇九年九月、同「光海君十三年(一六二一)における鄭忠信の後金派遣——光海君時代の朝鮮と後金の関係について」『朝鮮史研究会論文集』五〇、二〇一二年一〇月など)。丘凡真は朝鮮に派遣された清の使節の出身を分析し、明の使節は宦官出身者が多かったのに対し、清代では旗人が多かったなど明と清との朝鮮への外交姿勢の違いを明らかにしている(丘凡真「清의 朝鮮使行 人選과 〝大清帝国体制〟」『인문논총』五九、二〇〇八年六月)。

外交交渉に関係して、ほかに一七世紀から一九世紀にかけての中朝国境侵犯の経緯と両政府の交渉過程を探究した李花子『清朝与朝鮮関係史研究』(延辺大学出版社、二〇〇六年)、一五世紀から一七世紀にかけての朝鮮の外国派兵と中朝関係について論じた桂勝範『朝鮮時代海外派兵과 韓中関係』(푸른역사、二〇一〇年)といった研究がある。

一方で一六三七年の丙子の乱を受けて瀋陽に抑留された、仁祖の子である昭顕世子の外交活動に注目した研究も盛んに行われている(山口正之「昭顕世子と湯若望」『青丘学叢』五、一九三一年八月をはじめ、金龍徳「昭顕世子研究」『史学研

究』一八、一九六四年、최소자「清廷에서의 昭顕世子」全海宗博士華甲記念史学論叢編輯委員会編『史学論叢』(一潮閣、一九七九年)、오수창「청과의 외교실상과 병자호란」『한국사시민강좌』三六、二〇〇五年一二月、김경미「소현세자의 〝청〟 체험과 문화수용」『한국문화연구』一〇、二〇〇六年六月、宋美玲「入関前 清朝의 瀋陽館 統制様相」『明清史研究』三〇、二〇〇八年一〇月、안유림「명청교체기 瀋陽館의 역할」『韓国文化』五〇、二〇一〇年六月、허태구「昭顕世子의 瀋陽억류 와 人質체험」『韓国思想史学』四〇、二〇一二年四月といった研究がある)。

(9) 今村鞆『人蔘史』全七巻(朝鮮総督府専売局、一九三四~一九四〇年)。

(10) ここでいう人蔘は「朝鮮人蔘」、「高麗人蔘」と通称される人蔘を指す。現在では生の「水蔘」、乾燥させた「白蔘」、特殊加工された「紅蔘」が主な人蔘製品であり、流通するものの大部分が栽培人蔘である。しかし一八世紀までは栽培技術が確立されておらず、天然の人蔘が流通していた。以下の本文で述べる人蔘研究は、天然人蔘に関するものに限定する。

(11) 稲葉岩吉『満洲発達史』(大阪屋号出版部、一九一五年)。

(12) 稲葉岩吉『光海君時代の満鮮関係』(大阪屋号書店、一九三三年)。

(13) 鶴見立吉「会寧開市に就て」『朝鮮史学』四、一九二六年四月、同「会寧開市に就て(再ひ)」『朝鮮史学』五、一九二六年五月。

(14) 田川孝三『毛文龍と朝鮮との関係について』(『青丘説叢』三、今西龍発行、近澤印刷部(京城)印刷並発売、彙文堂書店(京都)発売、一九三二年)。

(15) 田川孝三「朝鮮淡婆姑小考」『朝鮮行政』一―二、一九三七年二月。

(16) 四方博「併合以前朝鮮貿易の概観」朝鮮貿易協会編『朝鮮貿易史』(朝鮮貿易協会、一九四三年)。

(17) 姜万吉『朝鮮後期商業資本의 発達』(高麗大学校出版部、一九七〇年)。

(18) 呉星「朝鮮後期蔘商에 대한考察――私商의 台頭와 関連하여」『韓国学報』五―四、一九七九年。

(19) 金鍾円「朝鮮後期 対清貿易에 대한 一考察」『中国問題研究』五、一九八〇年九月、同「初期朝清貿易交渉考 (天命朝)」『釜山大学校人文科学論文集』二〇、一九八〇年一二月、同「初期朝清貿易交渉考 (天聰朝)」『釜山大学校人文論叢』

二二、一九八二年一二月。これらの論文は後に同『근세 동아시아 관계사 연구：朝清交渉과 東亜三国交易을 중심으로』（혜안、一九九九年）に収録された。

(20) 柳承宙「一七世紀 私貿易에 관한 一考察——朝・清・日間의 焔硝・硫黄貿易을 中心으로」『弘大論叢』X、一九七九年二月。後に유승주・이철성『조선후기 중국과의 무역사』（景仁文化社、二〇〇二年）に改訂されて収録されている。

(21) 韓明基『임진왜란과 한중관계』（歴史批評社、一九九九年）。

(22) 李賢淑「一六～一七世紀朝鮮의 対中国輸出政策에 関한 研究」『弘益史学』六、一九九六年二月、同「倭乱胡乱時期朝鮮의 対中国輸入政策에 対한 研究」『白山学報』六八、二〇〇四年四月。

(23) 許泰玖「一七세기 朝鮮의 焔硝貿易과 火薬製造法 발달」『韓国史論』四七、二〇〇二年六月。

(24) 李哲成『朝鮮後期対清貿易史研究』（国学資料院、二〇〇〇年）。

(25) 柳完相「朝鮮時代의 中江開市에 대한 一考」『南渓曺佐鎬博士華甲紀念論叢 現代史学의 諸問題』（一潮閣、一九七七年）。

(26) 荘吉発「満鮮通市考」『食貨月刊』復刊第五巻第六期、一九七五年九月。

(27) 張存武『清韓宗藩貿易——一六三七～一八九四』（中央研究院近代史研究所（台北）、一九七八年）。

(28) 畑地正憲「清朝と李氏朝鮮との朝貢貿易について——特に鄭商の盛衰をめぐって」『東洋学報』六二（三・四）、一九八一年三月。

(29) 寺内威太郎「李氏朝鮮と清朝との辺市について（一）——会寧・慶源開市を中心として——」『駿台史学』五八、一九八三年三月、同「李氏朝鮮と清朝との辺市について（二）——会寧・慶源開市を中心として——」『駿台史学』五九、一九八三年九月、同「慶源開市と琿春」『東方学』七〇、一九八五年七月、同「義洲中江開市について」『駿台史学』六六、一九八六年二月、同「初期の会寧開市——朝鮮の対応を中心に」『駿台史学』一〇八、一九九九年一二月、同「近世における朝鮮北部地域と中国東北地方との政治経済関係に関する研究」『明治大学人文科学研究所紀要』四八、二〇〇一年三月。

(30) 森岡康「第二次清軍入寇後の朝鮮潜商の一管見」榎博士頌寿記念東洋史論叢編纂委員会編『榎博士頌寿記念東洋史論叢』

（汲古書院、一九八八年）。

(31) 韓明基、前掲書、八九～九八頁。

(32) 韓明基、前掲書、一一六頁。

(33) 李賢淑、前掲論文、二〇〇四年。

(34) たとえば韓明基は燕行使の活動が、光海君の冊封や日本情報の報告のために活発に朝明間を往来していたことを明らかにしたが（韓明基、前掲書、二一九頁）、同時に行われた貿易の状況については研究のなかで触れていない。

(35) 松浦章「明朝末期の朝鮮使節の見た北京」岩見宏・谷口規矩雄編『明末清初期の研究』（京都大学人文科学研究所、一九八九年）。この論文はのちに松浦章『近世中国朝鮮交渉史の研究』（思文閣出版、二〇一三年）に収録された。

(36) 松浦章「袁崇煥と朝鮮使節」『史泉』六九、一九八九年三月。この論文はのちに松浦章、前掲書、二〇一三年に収録された。

(37) 孫兌鉉『増訂　韓国海運史』（暁星出版社、一九九七年）の第三章第三節一、「対中国（明）遣使」。なお同書の第二版（위드스토리、二〇一一年）では該当部分が削除されている。

(38) 鄭恩主「明清交替期　対明　海路使行記録画研究」『明清史研究』二七、二〇〇七年四月。

(39) 정은주『조선시대 사행기록화——옛 그림으로　읽는 한중관계사』（사회평론、二〇一二年）。

(40) 徐仁範（渡昌弘訳）「朝鮮使節の海路朝貢路と海神信仰——『燕行録』の分析を通して」吉尾寛編『東アジア海域叢書四　海域世界の環境と文化』（汲古書院、二〇一一年）。

(41) そのほかに趙麒永は一六二九年に明に使行した李忔の記録をもとに、朝鮮使節の海路利用に際して独自の祭儀や易占が行われたことを論じ（趙麒永「雪汀　李忔의『朝天日記』연구」『東洋古典研究』七、一九九六年一二月。同論文は曺圭益ほか編『연행록연구총서（六역사）』（学古房、二〇〇六年）に一部改稿のうえ、「이흘의『조천일기』에 나타난 一七세기 문화 양상」と改題して収録された）、鄒振環は西学の朝鮮への流入経路の一つに海路があったことを示した（鄒振環「明末清初朝鮮的赴京使団与漢文西書的東伝」『韓国研究論叢』四、一九九八年二月）。林基中は朝鮮使節が残した記録の残存状況を

まとめ（林基中「一七世紀的水路『燕行録』与登州」『登州港与中韓交流国際学術討論会論文集』（山東大学出版社、二〇〇五年）、呉一煥は中朝間の難民・遺民の移動を明らかにした（呉一煥『海路・移民・遺民社会――以明清之際中朝交往為中心』（天津古籍出版社、二〇〇七年））。

(42) 田川孝三、前掲書、一九三二年。

(43) 江嶋壽雄「天聡年間における朝鮮の歳幣について」『史淵』一〇一、一九六九年一一月、同「崇徳年間における朝鮮の歳幣について」『史淵』一〇八、一九七二年八月。これらの論文は後に江嶋壽雄『明代清初の女直史研究』（中国書店、一九九九年）に収録された。

(44) そのほかに李竜範により、丙子の乱後朝鮮による蒙古牛購入という興味深い事件も紹介された（李竜範「成鈋의 蒙古牛買入과 枝三・南草」『震檀学報』二八、一九六五年一二月）。

(45) 田代和生、前掲書、一九八一年。

(46) 米谷均「一七世紀日朝関係における武器輸出について」『史学雑誌』一〇八―一二、一九九九年一二月。

(47) 閔徳基『前近代東アジアのなかの韓日関係』（早稲田大学出版会、一九九四年）。

第一章　一七世紀初頭朝鮮の対明貿易――初期中江開市の存廃を中心に――

はじめに

本章では、初期中江開市の存廃問題を分析することで、一七世紀初頭朝鮮による対明貿易政策の変化を考察する。

一六世紀中葉以降、東アジアでは活発な貿易が行われたが、宣祖二五（一五九二）年からの壬辰・丁酉の乱（日本軍の朝鮮侵入）により、日本から朝鮮を経て明に至る貿易ルートは一時途絶してしまう。しかし朝鮮と明の間では、朝鮮が明に派遣する使節団である燕行使による既存の貿易に加え、乱中の宣祖二七年ごろから朝鮮と明の国境に位置する平安道義州郊外の中江において新たに互市形態の貿易が開始され（中江開市）、光海君五（一六一三）年にそれが廃止されるまでは両者が併存した。また朝鮮と日本の間でも、光海君元（一六〇九）年に朝鮮が対馬の通交再開を許し、光海君三（一六一一）年から両者による釜山での開市が始まった。こうして、壬辰・丁酉の乱後の朝鮮経由の国際貿易が再開した。

本章では壬辰・丁酉の乱後、朝鮮が中江開市と燕行使貿易に対して取った立場の形成過程、背景について明らかにする。まず朝鮮が対明貿易をどのように進行させたのかを、中江開市に重点をおいて考察し、次に燕行使による貿易活動が継続した一方で、開市（互市）が廃止にいたる過程を検討する。そして中江開市と燕行使貿易が持っていた問題点について、朝鮮と明側双方の視点から明らかにする。

一　壬辰・丁酉の乱後、朝鮮の対明貿易の展開

本論に入る前に、ここではまず壬辰・丁酉の乱（宣祖二五（一五九二）～宣祖三一（一五九八）年）後における朝鮮の対明貿易の展開について、その沿革と論点を整理しておく。

壬辰・丁酉の乱後の対明貿易は、（一）朝鮮からの燕行使、（二）朝明国境での中江開市、（三）明からの勅使、の三経路によって担われた。

1　朝鮮からの燕行使

朝鮮は朝貢使節団（以下、燕行使とも呼ぶ）を年に数回、陸路で明に派遣していた。燕行使は任務に付随して、皇帝をはじめとする明皇室に進貢品を献上した。朝鮮が進貢する品目については、明の国政要覧とでもいうべき『大明会典』に次のように規定されていた。

貢物。金銀器皿、螺鈿梳函、白綿紬、各色苧布、龍文簾席、各色細花席、豹皮、獺皮、黄毛筆、白綿紙、人蔘、種馬毎三年五十匹(1)。

これから進貢品に金銀製品のほか、絹布（綿紬）や人蔘、馬などがあったことがわかる。また燕行使の派遣に際しては、進貢のほか、朝鮮の諸官庁が必要とする物資調達のための公貿易も行われた。公貿易による朝鮮の輸入物品は薬材や布が中心であった。朝鮮の燕行使は北京の会同館で貿易を行うことが認められていた(2)。ただ、一七世紀初頭の朝鮮では公貿易に対して、縮減する方針が出された。従来は尚衣院（王室の衣服の調度を担当）や内医司（王室の医療を

担当）といったような、（王室と直接関係がある）諸官庁の必要物資調達のために対明貿易が行われていたが、宣祖三八（一六〇五）年にはこれら公貿易の縮小が唱えられ、特に衣服の織造、賜与などを担当する済用監の貿易額は全額削減されることが求められた。(3)

一方で、燕行使貿易で貿易量の増加が図られた品目もあった。代表的な例が焔焇（火薬の原料、硝石）である。朝鮮は壬辰・丁酉の乱に際し、日本軍が用いる鉄砲の威力に接し、訓錬都監を創設して鉄砲の導入を進めたため、朝鮮にとって火薬の原料となる焔焇の輸入が重要になった。(4)そこで宣祖三九（一六〇六）年より年間三〇〇〇斤の焔焇が明から新たに輸入された。(5)

以上のように、明との燕行使貿易には削減された品目があった一方で、国防物資調達のための品目の貿易は拡大された。

2　朝明国境での貿易――中江開市

ここでは朝明国境の平安道義州郊外の中江(6)で開かれた、中江開市の沿革について整理する。中江開市は宣祖二六年一二月から同二七（一五九四）年四月の間に開始されたと考えられる。それは宣祖二六年一二月に、中江で市を開き物資を流通させるのが適当であるとの備辺司の啓があり、(7)宣祖二七年四月までに中江で朝鮮への驢馬の輸入がなされたとの記述があるためである。(8)開市の当初のねらいは、柳成竜によれば朝鮮北部の救荒であったが、次第に利益を求める平安道や京城の民が開市での取引に参加するようになった。(9)開市により朝鮮からは、人蔘や貂皮、織物が明に輸出された。(10)中江では朝鮮が明から馬の購入を図ったこともあった。(11)

その後朝鮮朝廷では宣祖三一（一五九八）年に中江開市での取引が盛んになることが問題であるとの指摘が行われ

た。(12)宣祖三三年四月には朝廷で閔中男が、中江開市により中朝双方の民が均しくその恩恵を蒙ったものの、邪悪な輩が問題のもとを引き起こす懸念から開市廃止を国王に建議したのに対し、国王は更なる議論を求めた。(13)備辺司は中江開市をただちに廃止しなければ後日の問題を防ぎがたいとし、速やかな廃止を求め、王はそれを認めた。(14)朝鮮は同年五月、朝鮮国王名義で明の経理朝鮮軍務都察院右僉都御史の万世徳に中江開市の廃止要請を送った。(15)

しかし、宣祖三三年一〇月まで経理は朝鮮に対して中江開市廃止に関する回答を行わなかった。(16)平安道観察使を宣祖三一年から同三四年にかけて務めた徐渻は同三三年一一月に、明側の中江周辺の各衙門差官、把江委官、収税差官が撤退しておらず、もし朝鮮が商人を追い払えば売買人が怪しむだけでなく、把江委官や鎮江城遊撃が怒るであろうとし、一時に売買を厳禁することが不安であるため、明の水兵が撤兵するのを待って遼東都司と撫安衙門に中江開市の廃止を移咨し、申し立ての許可（詳允）を待ってから廃止すべきとした。徐渻は続けて、鴨緑江の義州から理山にかけての地域の対岸には唐人が集住して八、九月に密航して違法に売買を行うため、まず鴨緑江における密輸（水上潜商）を厳禁すべきであるとした。(17)さらに徐渻は宣祖三四年一一月の朝講において、明の宮廷から遼東に派遣された高淮（宦官、詳細は次節で言及）が中江開市に関し、朝鮮が先に開市を求めたのに、状況が落ち着くと反対に禁止を要請するのが残念であると述べたことを紹介した上で、前年一〇月に述べたのと同じく鴨緑江対岸の唐人による違法な越境と人蔘売買が憂うべき事態であるとし、厳しく禁止すべきであるとの見解を示した。(18)つまり徐渻は、中江開市廃止を遼東の高淮が否定的に捉えていることを認識していた一方で、国境管理を厳格にしなければならないとしていた。

ただ朝鮮政府は徐渻による国境管理厳格化の考えに対し、遅くとも宣祖三五年二月までに中江開市復設を承認し、同時に政府は開市から収税を行うことを検討した。(19)それ以降も中江開市をめぐる問題は続き、宣祖三六年に明の遼東鎮江等処地方副総兵都指揮使が朝鮮国王に対して中江に商人を集めるよう求めたことがあった。(20)また朝鮮側では中江開市によって米穀が多く取引されることが問題視されたこともあった[21]。

宣祖三九（一六〇六）年二月には高淮が遼東税監を解任されたとの情報を受け、朝鮮は中江開市を放置すれば密輸が拡大するとして、明の分守遼海東寧道兼理辺屯田山西布政司右布政使（以下、分守遼海東寧道）、遼東都指揮使司、遼東鎮江等処地方遊撃将軍都指揮使に中江開市の廃止要請を行った[22]。分守遼海東寧道はそれに対し、中江開市から毎年税銀一五五四両の収入があることから廃止は軽議しがたいと返事したが[23]、朝鮮は分守遼海東寧道に対し、皇帝の命令に背いて関津を勝手に設けることは不可能なはずであり、中江開市を廃止してほしいと再度要請した[24]。しかし朝鮮の廃止要請はこの年には明に受けいれられなかった。同年十月に分守遼海東寧道は朝鮮国王に対し、税監（高淮）が実際には解任されておらず、中江を廃止すると税銀収入を補塡しがたいことから、中江開市廃止の聖旨があるまで従来通り中江の取引に課税したいと申し出たところ[25]、朝鮮もそれを受け入れ、中江で従来通り課税することを認めた[26]。その後朝鮮政府内では義州の人と明人が往来し続ければ問題が起きる恐れがあることや[27]、朝鮮商人が重い債務を負ったり国家機密が流出したりすることに懸念が示されていた[28]。

光海君四（一六一二）年に朝鮮側から再び廃止要請が出されると、光海君五年正月に明側もそれを承認して中江開市は完全に廃止された[29]。光海君九年に遼東の丘坦が中江開市再開を求めたものの[30]、中江開市は仁祖六（一六二八）年に後金によって再開させられるまで開かれなかった[31]。

3　明からの勅使

朝明間の貿易は朝鮮を来訪する明からの勅使によっても担われた。一七世紀初頭の勅使による貿易活動については未詳な点が多いが、朝鮮政府は勅使に礼物を贈っていたようである。光海君即位（一六〇八）年六月の戸曹の報告によると、朝鮮政府は明の使節を接待するために銀と人蔘を調達する必要があったが、戸曹には充分な蓄えがなかった。そのために分戸曹（戸曹から分離して設置された臨時の官庁）や王族、官僚、三医司（内医院、典医監、恵民署）、坊民（漢城府の住民）から銀を調達することが図られた(32)。

一方で明の勅使も貿易活動で朝鮮側から銀を調達していた。光海君元（己酉、一六〇九）年正月の迎接都監の公文の内容によると、明の勅使は絹布などの商品を朝鮮に売りつけたのに対し、朝鮮側は代価を銀とするように決め、東萊から調達した日本銀が明の勅使に渡るよう企図された(33)。

以上見てきたように、一七世紀初頭の朝明間では、従来の燕行使・勅使を介した貿易に、新たに中江開市を加えた三経路を通じて貿易が行われていた。ただし朝鮮は新たに始まった中江開市に対して消極的な姿勢を示しており、光海君五（一六一三）年には中江開市は廃止された。

二　中江開市の継続要因

朝鮮側が三回も廃止を要請したにも関わらず、中江開市が光海君五（一六一三）年まで続いたのにはどのような要因があったのか。ここでは、明と朝鮮それぞれの側からこの問題を考察する。

1　明側の要因①——宦官高淮の活動

明は万暦二七（一五九九）年三月、「開礦徴税」（鉱山開発と流通税徴収）のため宦官高淮を遼東に派遣した(34)。明の軍官であった閻大経が高淮の派遣を要請した上奏文には、派遣理由が次（同年同月、朝鮮の使節団の一員であった黄汝一(35)が北京で得たもの）のように述べられた。

遼東は東の辺地であるといっても、南は京畿の東側に近接した地域であり、また朝鮮の朝貢路でもあります。山は銀を産し、平地は人蔘・貂鼠狐の毛皮・優れた馬を産します。朝鮮八道に至っては、土地は肥沃で、金銀の鉱山は高品位のものを採掘し精錬できます。さらに獺皮・弓矢・蚕繭・紙札などの土産品は豊富です。優れたものを選んで随時進上させましょう。（中略）尚膳監右監高準《ママ》を派遣し、監督に出向かせ、土地に利を残させないようにとお願いいたします云々[36]。

傍線部によると閻大経は遼東と朝鮮の産物に注目していた。この時期、明は寧夏・朝鮮・播州での戦乱や、火災に見舞われた北京の宮殿（乾清・坤寧の両宮、皇極・建極・中極の三殿）再建に起因する財政難に直面していた。そこで収入増のために万暦二四（一五九六）年から宦官が礦税官として各地に派遣された[37]。ここでの税とは商人の営業利益に課税されるものである[38]。万暦以前（一五七二年以前）の制度では商税の徴収率が低かったため、宦官が商税の徴収を強化することで税額の増収が図られた[39]。

遼東に派遣された高淮は礦税官として獲得した金銀や馬、人蔘などを明皇室に納めた。高淮は万暦二七年五月にはさっそく銀二〇〇〇両、馬一七匹を北京の内庫に納め、同年七月にも金一六両、銀一五〇両、貂皮二〇張、人蔘七斤を内庫に納めた[40]。その後高淮は万暦二九年一一月に銀二〇〇両、達馬二一匹、馬一四匹を内庫に納め[41]、万暦三一年六月には粒銀一八〇〇余両、採鉱と店税の収入の銀二万三〇〇〇両、金六〇両、馬、貂鼠の毛皮を宮廷に進貢した[42]。万暦三四年三月にも人蔘一三五斤を納めた[43]。

高淮は、遼東総兵官の馬林が自身の配下に入らないことを不満として馬林の解任を上奏し許可されたり、高淮の横暴を訴えた巡撫の李植を解任に追い込んだりするなど[44]、遼東で絶大な権力を保持した[45]。

明の官僚、謝肇淛は、その著作『五雑組』のなかで、高淮らが人蔘を徴収したので、最高級の人蔘は当時北京に入らなかったとする。

人蔘は産地にあっては価格がそれほどは高くない。中国人はこれを流通させ、山海の関所をこえて税を納める。上の人が求めることに限りがなく、最近は宦官の高淮らが命令を出して徴収するのがともすれば数百斤を数える。故に数年前から高級なものは絶えて都には入らず、中の上のランクのものも〔同じ重さの〕銀と同じ価格である。[46]

この史料から、高淮が人蔘の徴収に熱心であったことがわかる。さらに高淮は朝鮮に対して中江に人蔘を集めるよう圧力を加えていた。

備辺司が啓して言った。「前日高太監が、中江に蔘商が集まらないことを移咨〔照会〕してきました。〔中江開市の〕収税官の報告を見ますと、蔘商が集まらないことはただ物資が欠乏しているだけでなく、実に〔遼東の〕諸衙門が〔蔘商を〕脅して取引させることにも原因があります。もしこれが止まなければ商人を脅して中江開市に行かせても、〔蔘商が〕集まるということは決してないでしょう。太監はこの理由を知らずむやみに商人が集まらないことを責めますので、問題解決の困難さが長引けば長引くほど悪化してゆきます。[47]

傍線部にあるように、高淮は中江に人蔘商人を集めるように朝鮮に圧力を加えていた。[48]また高淮は朝鮮に対して燕行使による人蔘および銀の携行の禁止と、中江での検査を要求した。[49]高淮は遼東を経由する人蔘の一元管理を目論んだものと考えられる。しかし、万暦三六（一六〇八）年六月に高淮は兵糧を横領したことを理由に解任され、逮捕された。[50]

2　明側の要因②——中国社会における人蔘の需要

前節で見たように、中江開市に対する高淮の関心は朝鮮産の人蔘の輸入にもあった。当時の明国内での人蔘流通の動向を見てみると、一六世紀まで人蔘の主産地であった山西省潞州では人蔘が収穫できなくなった。その結果、遼東人蔘が流通する人蔘の大半となり、朝鮮産人蔘も取引されるようになった[51]。謝肇淛は人蔘需要の原因を次のように述べる。

今深山荒谷の民は、草や豆の葉を食べ、薬物とは何かも知らないのに頑健で長寿であり病気にならない。しかし財産家・有力者の家の子弟と婦人は、生活に節制がなく、食事と呼吸の調子が悪いといつも人蔘と朮〔キク科のオケラ〕の効果を頼んで、遠くまで高価なものを求めるのである[52]。

この史料によれば、人蔘の需要が発生した背景には、財産家・有力者が不節制な生活を送ったことがあった。なお、同時期の女真の根拠地でも人蔘が採れ、女真は人蔘を各種毛皮とともに中国に輸出し、重要な収入源としていた[53]。つまり、一六世紀末〜一七世紀初頭の中国では山西省潞州産人蔘の供給が停止した一方で人蔘に対する需要があり、朝鮮産人蔘への需要が喚起された、と考えられる。

3　朝鮮側の要因——中江からの税収期待

朝鮮政府は中江開市に対して消極的な見解だけを持っていたわけではなかった。朝鮮政府は中江での商取引から銀を徴税できることに気づいていた。前述のように宣祖三五（一六〇二）年三月に予定された明勅使の訪問から、勅使は朝鮮側に銀を要求した。しかし勅使の接待にあたる朝鮮政府には銀の蓄えが不足していた[54]。そこで次の史料に見えるように同年二月、朝鮮政府内で中江における収税実施が議論された。

今ひとえに中国の法規に倣って奉命の使者を派遣することはできなくとも、特別に文官中の名声と人望・剛直さと明敏さ・勤勉誠実なところがある人を選んで、戸曹郎庁の称号をつけて、義州に送り、その者を久しく留めて専管させ、毎日の納税は銀で集め、毎月数量を記して〔中央に〕上納させれば、この国庫欠乏時に当たって、利益になることは必ずや多いはずです。敢えて申し上げます。[55]

ここから朝鮮政府に中江での銀徴収に期待する声があったことがわかる。そして朝廷は宣祖三六年三月までには中江での銀徴収を許可した。[56] 朝鮮政府は国庫の銀不足に対処するため宣祖三六年までに開市での銀徴収を行ったのであった。

以上、中江開市の継続要因について明と朝鮮のそれぞれの側から検討した。明側では、宮廷が派遣した高淮が、中江を通じた人蔘の確保に注力したこと、その人蔘の需要が中国本土で高まったことが中江開市を支えていた。一方、朝鮮側では中江での取引に課税して銀を得られることが魅力的であった。

三　中江開市の問題点

中江開市は前述したように明・朝鮮双方にとって一定の存在意義を有していたにもかかわらず、光海君五（一六一三）年に廃止された。廃止に至るまで、中江開市をめぐって明と朝鮮との間でどのような問題が発生していたのか、ここで検討する。

1　明側での貿易管理と密貿易

中江開市が進行するなかで密貿易が行われ、明・朝鮮双方で問題視された。もちろん明側は貿易を管理しており、中江に徴税担当官を派遣していた。宣祖三四（一六〇一）年、朝鮮の朝廷では明から中江に派遣された担当官について次のように議論がなされた。

参賛官徐渻が言った。「①前に把江委官が南の賊〔日本軍〕及び逃兵の備えのために送られてきました。その後中国兵はすべて撤収したのに留まって帰りません」。

国王が言った。「遼東の官人が家僕を率いて義州に留まっているのか」。

徐渻が言った。「そうです。義州に留まっています。②市場の収税を管理しているといいます[57]」。

徐渻は傍線部①において、遼東の官人が義州に留まっていると述べた。また、傍線部②にあるように、その官人は市場からの収税を管理していた。遼東都指揮使司は光海君二（一六一〇）年に、中江開市廃止に反対する咨文を朝鮮に送ったが[58]、その背景として、朝鮮では次の史料に確認できるような解釈がなされた。

備辺司が啓して言った。「中江での市を廃止する議論の咨文は、後日処理しがたくなる恐れがあるようです。今廃止するかどうかは、中国において多くの論議があります。礼部と遼東撫按、鎮江遊撃府に至るまで、みなこの市に関係しておらず、廃止を願っているはずです。その力弁して廃止を欲しない者は、ただ交代で派遣される抽税委官の連中と、遼東鎮江大商人の若干人のみです[59]」。

すなわち、備辺司は、礼部や遼東撫按、鎮江遊撃府は中江開市の廃止を願っているはずと見ており、抽税官と、遼東鎮江の大商人のみが廃止に反対していると見なしている。この史料には抽税委官や商人が開市の廃止に反対した理由は明示されていない。

一方、明内部では遼東に中江開市を利用して利益を得る者がいるとする議論が展開されていた。光海君元（万暦三七、一六〇九）年、当時、遼東巡按使であった熊廷弼が中江に関して、防海副総兵と鎮江遊撃が密貿易に従事していると弾劾した。その弾劾についての『明神宗実録』の記事は次のとおりである。

遼東巡按使の熊廷弼が弾劾の上奏をした。「防海副総兵の呉有孚と、鎮江遊撃の呉宗道は水兵を使役して、海上で盛んに商売をしており、つねに貨物を積載して中江に輸出し、商民から収奪しています。甚だしきは朝鮮の服に着替えて、属国〔朝鮮〕に潜入し貂皮と人蔘を強奪します。その元手は有孚から出、宗道がそれを行っています(60)」。

この記事によると、防海副総兵の呉有孚が出資し、鎮江遊撃の呉宗道が直接関わる形により中江周辺で密貿易を行っているのだという。光海君二（一六一〇）年の朝鮮備辺司の認識では鎮江遊撃は中江開市廃止を願っているはずであるとあったが、光海君元（一六〇九）年の熊廷弼の認識では鎮江遊撃が開市から利益を得ていることになり、相違する。ただ遼東巡按使が中江開市に否定的な見解を持っていることでは共通する。明国内において、中江開市に対する立場は一枚岩でなかったといえるであろう。

さて、これだけでは密貿易された物品は明らかではないが、朝鮮側の記録によれば、中江では人蔘だけでなく、火薬も取引された。次の史料は火薬の密輸について述べる。

平安道観察使の朴東亮が状啓した。「臣はこのごろ都や地方の人が、義州の中江で多く火薬を取引しているのを見ました。その価格は高騰していないといいます。臣が詔使を出迎えるために義州に到達し、その詳報を得たところによると、唐人の火薬の売人というのは、無頼な連中です。遼陽から鎮江まで、その間の許多の鎮堡にある政府の火薬がひそかに盗み出されており、その量は五、六百斤とも千斤余ともいいます。本国の売買人のところは、夜間にひそかに買っています（後略）(61)」。

傍線部によると、遼陽から鎮江にかけての鎮堡の火薬が盗難に遭って、それが朝鮮側に輸出されていたのだという。

そしてその取引拠点となっていたのが中江であった。また、翌年には義州から鎮江に侵入して火薬を盗んだ一団が朝鮮側で逮捕され、鎮江に送られて絞刑に処せられたことがあった(62)。

このように、明側では、中江開市について官による密貿易、火薬貿易の隆盛という問題があった。遼東巡按使が中江開市や、朝鮮との密貿易を批判したことから、明においては、中江開市に対する立場は一枚岩でなかったといえる。

2　朝鮮側での不平等契約と情報漏洩、密貿易

次に朝鮮側が継続して中江開市の廃止を要請した原因を分析する。宣祖四〇（一六〇八）年の次の史料には朝鮮側からみた中江開市の問題点が述べられている。

謝恩使の柳澗が復命して啓して言った。「（中略）中江開市の事については、後日処置しがたい弊害は、とても言葉にしきれないものがあります。ひとまず現在の弊害について言えば、わが国の利益を貪る輩が、密かに江を越え、唐人と把蔘を交換することを約束して、代価は銀とし、契約状を作成します。先ずその代価を受けますが、把蔘を引き渡す日になると、唐人は品質の優劣を分けず、ただ契約数の中の過半しか受けず、それ以上はわずかであっても受け取りません。その後わが国の人が、良品を選んだとしても、好くないといい、最後までそれを受領しません。歳月がたち、その契約状を改定しても、常に其の半分は残り、その利息をとります。力を尽くしてそれを償還しますが、その元本は長く残ります。委官の指令書を発行してもらい極めて惨酷な督促を行います。そのことでわが国の人は、破産しない者がいません(63)。

この史料によると、朝鮮の商人が把蔘（乾燥させた人蔘(64)）取引に際して先に銀を受領して契約書を作成するが、明人は人蔘の半分を拒否してその分に対する利息を取り立てる手法を用い、惨酷であると柳澗は問題視していた。

さらに柳澗は、機密漏洩という観点からも中江開市を批判した。

ただそれだけではありません。利を貪る者は、唐人と親しくなって、わが国の機密事項を随時漏洩させています。今は庶人珒〔宣祖の長子の臨海君のこと〕も、臣の一行が渡江する前から、でたらめに言いふらし、すでに唐人の口に広がっていました。今になって思い出しても、慄然とせざるをえません。臣のこの言をもって、大臣に下し、事の是非を熟議させ、進貢〔燕行使〕の外には、他に相通じる経路をなくせば、国境は整然とし、処理しがたい弊害は特になくなることでしょう。[65]

この史料から、開市を通じて機密の情報が国外に拡散することを、国境情勢を観察した朝鮮官僚が危惧したことがわかる[66]。臨海君は王位を狙っているという嫌疑をかけられ、光海君即位（一六〇八年）直後の二月に逮捕されて流配され、翌年に殺害された[67]。機密情報漏洩防止のために、燕行使に貿易を一本化することも望んでいた。

また実際の廃止直前、朝鮮が明に対して中江開市の廃止を願った理由には対日密貿易の拡大防止ということもあった。次の史料は万暦四〇（一六一二）年七月に朝鮮国王が明の礼部に宛てた中江開市廃止依頼の咨文の一部である。

高太監〔高淮〕が〔遼東から北京に〕戻された後、各地の店税は尽く廃止されましたが、この中江の市だけが存続して現在に至っております。近年、対馬の日本人が、中国商品に利益を見出しており、密貿易の弊害が蔓延することは日々ひどくなっています。禍の兆候を閉ざし悪事を防ぐ方法は、ただ速やかに関市を廃止することにあります。[68]

これによると対馬の日本人が中国商品に利益を見出すので、日本向けの密貿易の拡大を防ぐためには中江開市を廃止するのがよい、とする。中江経由の貿易ルートは日本に接続するので早めにそれを閉鎖することが望ましかったのであろう。

以上、中江開市の問題点について考察した。明側では中江開市に便乗した密輸が行われていた。朝鮮からみると中江開市で朝鮮商人が不利な条件のもと負債を負ったり、朝鮮の機密情報が漏洩したりすることが問題であった。光海君五（一六一三）年の廃止直前には対馬経由の対日貿易が再開したことを受け、日本向けの密貿易を防止することも重要であった。

四　燕行使貿易をめぐる明・朝鮮間の摩擦

中江開市だけではなく、これと並行して行われた燕行使貿易についても、明と朝鮮の双方から問題点が挙げられていた。ただ中江開市が廃止されても燕行使貿易は継続した。ここでは双方からみた燕行使貿易の問題点を考察する。

1　明からみた燕行使貿易の問題点

明、特に遼東では燕行使貿易について、中江開市での取引が閑散とする一方で、商品を朝鮮の燕行使が朝貢品として明国内へ持ち込む点を問題視した。前述の高淮は宣祖三六（一六〇三）年に次のように述べる。

> 今中江関市を実見したが、人蔘は全く存在しない。商人段四・沈可等の話によれば、進貢陪臣と、随従する員役が〔人蔘を〕携行して〔鴨緑〕江を過ぎ、そのことで人蔘が稀少になるという。進上する人蔘を見れば、半分は中江で補充することに頼っているという。しかし貴国の進貢使節が携行するものは、課税されることがない。(69)

高淮は中江に人蔘が集まらない原因として朝鮮の使節が免税品として人蔘を通過させることを挙げた。明側としては、人蔘が中江開市を経由しないことに不満であった。

朝鮮からの朝貢使節に対し、明が課税を免除していたことは光海君二（一六一〇）年の次の史料からうかがえる。

遼東指揮使司が派遣した蔣天澤が、咨文を持参してきた。これより先に本国は、中江関市を廃止することを請うたが、市を担当する委官が、その税に利益を得て廃止を望まず、指揮使司に文を呈したのであった。指揮が移咨してその是非を問うた内容を略記すれば、「（中略）商品があれば税があり、〔明〕内地はなお免れないのに、まして外地の異民族は免れられるはずがあろうか。その意を忖度すれば、彼は朝貢の道中において、商品を売って厚利を得ており、進貢する者が一あれば、名を借りるものが十いる。進貢するものが十いれば、名を借るものが数十いるのである。駅路で勝手に貿易するのは、一つには免税だからであり、一つには利益を得るためである」ということであった(70)。

遼東都指揮使司の認識は、傍線部によると明では明商人が課税されるのに対し、朝貢使節は免税扱いされているというのである。また使節の中に免税の特典を享受して貿易を行う者がいるとした。これに対して朝鮮の備辺司は次のように答えた。

（前略）朝貢使節のことに至れば、密輸ということをするに至らないので、赴京使の一行ごとに、必ず食糧と旅費をもち、そしてその他に〔官庁の〕公貿易の物品の数目もまた多いです。もし遼東において点検して課税することになれば、一行はその過酷な収奪に遭って、持ちこたえることは難しく、その間の困窮は言い尽くせません（後略）(71)。

備辺司は万一使節に課税されることになれば問題であると答えた。ここで注目されるのは傍線部の「もし遼東において点検して課税することになれば」の箇所である。ここでは課税されることは仮定のこととなっており、その時点では課税が行われていなかったことを示す。

この時期、明では全国の地方衙門が流通税を徴収していた。具体的には全国の交通の結節点（最終的には北京の崇文門）に船鈔（国内関税、船だけに限定されない）徴収のための税関がおかれたほか、遼東でも商税（税関で貨物を実見してそこから抽分する）徴収のため、広寧と山海関に税関が一五五〇年ごろまでに設置された[72]。つまり、明国内に国内関税の徴収拠点が多数設けられていたのに、朝鮮使節は関税の徴収を免れていたのである。

2　朝鮮からみた燕行使貿易の問題点

この時期、朝鮮側でも燕行使貿易の問題点が認識されていた。燕行使貿易で問題になったのは、旅費や貿易の代価として用いられた銀であった。宣祖三三（一六〇〇）年には燕行使が銀を用いていたことが確認でき[73]、その後も燕行使は銀を携行した。光海君二（一六一〇）年には朝鮮朝廷において、銀の使用が本来禁止されているにも関わらず、燕行使が銀を用いていることが糾弾された[74]。それは朝鮮が自国では銀を産出しないことを名分に明から銀の献上を免除されていたことから、禁銀法規を施行していたためと考えられる[75]。明の勅使に対して日本銀提供が企図されたこと[76]を考えると、燕行使の場合も財源は日本銀であったと考えられる。

朝鮮国内での銀流通については、光海君五（一六一三）年に発生した強盗殺人事件からその流通路が示唆される。次の史料にその概略が述べられている。

左辺捕盗大将韓希吉が啓して言った。「昨月の間、鳥嶺の途中で、賊が行商を強盗して殺し、銀子数百両を奪ったことがありました[77]」。

鳥嶺は慶尚道聞慶と忠清道延豊の境界に位置する峠であり[78]、都と慶尚道南部を結ぶ街道の途中にある。このルートで商人の銀を強盗する事件が発生したというのである。銀商は東萊の商人であった[79]。商人によって日本銀が東萊から首都に流れる経路がそれまでに開かれていたことになる。

このような燕行使による銀携行を明の遼東都指揮使司が関知していたことは次の光海君八（一六一六）年の史料からうかがえる。

ところが使臣である者が、人情にとらわれて、専ら委託を受け、①市井の無頼人に禁断の物品を濫載させることを願って、弊害を生むことに限りがありません。②そのために遼東都指揮使司は使行のたびに妨害して、銀両を求索することも限りがありません(80)。

傍線部①にあるように、燕行使は商人を帯同することがあった。それに対して傍線部②のように、遼東都指揮使司が燕行使に銀を請求することがあったというのである。前述したように燕行使貿易が免税であることに対し遼東側は光海君二（一六一〇）年に不満を表明していたが、光海君八（一六一六）年のこの史料からは遼東都指揮使司が燕行使から銀を徴収していたことが読み取れる。この時すでに中江開市は廃止されていた。燕行使からの銀徴収は、そうした状況を受けて税収減を補塡する措置であったと推測される。朝鮮の燕行使が物資を購入する代価として銀を明に持ち込んだことに対し、遼東もそこから利益を得て現状を追認する方針をとったのであろう。しかし、燕行使の行程中で遼東から銀を請求されても、燕行使が貿易を中止するには至らなかった。

以上、燕行使貿易の問題点について考察を行った。光海君二（一六一〇）年ごろまでは、遼東にとって朝鮮の燕行使の貨物が免税されていたことが問題であった。一方朝鮮では燕行使による銀の携行を問題視する議論があったものの、燕行使による銀携行は継続した。これに対し、中江開市が廃止された後の光海君八（一六一六）年までには遼東都指揮使司が燕行使から銀の徴収を行うようになった。遼東側が問題とした、燕行使の貨物の免税という状況は、遼東での銀徴収により一定程度解決された可能性がある。

おわりに

本章では、朝鮮にとっての中江開市と燕行使貿易の違いについて、壬辰・丁酉の乱後における朝鮮の対明貿易政策の推移と、それを取り巻く朝鮮と明側の背景を考察することで明らかにした。考察の結果明らかになったことを整理すると次のようになる。

壬辰・丁酉の乱後、朝鮮による対明貿易は中江開市と勅使、燕行使の三経路で行われた。朝鮮はこのうち新たに登場した中江開市に対し三度も廃止要請を出すなど消極的な姿勢を示した。

その中で、朝鮮は燕行使経由で火薬原料を輸入し始め、銀の輸出を行った。また、勅使は朝鮮から貿易や献納の形態で銀を持ち出していたため、燕行使による明での銀消費と合わせると、日本から朝鮮を経て明に至る銀の流入路が形成された。朝鮮は燕行使貿易には全体的には積極的であった。

こうした中江開市への消極姿勢と、燕行使貿易への積極姿勢の背景に、朝鮮が新たに始まった互市（開市）に経済的な不利益を感じており、従来の朝貢では経済的な利益を受けていたことがあった。燕行使は明から貨物を免税とされたのに対し、開市貿易は明から貨物が課税されたことがその一つであった。また、開市貿易では取引形態が朝鮮商人に不利なものであり、朝鮮の機密情報が流出するという問題もあった。光海君元（一六〇九）年から朝鮮の対日貿易がはじまると、中国物品が朝鮮を経由して日本に密輸出されてしまうことも朝鮮は懸念した。

一方、明のなかでも遼東で税務を担当した官は中江開市に利点を見出していた。明中央から徴税のために送り込まれた宦官の高淮が税監を務めたときには、中江開市は人蔘の輸入経路としての重要性があり、光海君即位（一六〇八）

年の高淮解任後は、密輸の流通路として一部の遼東の官の利益源となっていた。一方で遼東側は朝鮮の燕行使の貨物には通常、課税することができず不満であった。

結局、光海君五（一六一三）年には朝鮮は明との互市貿易（中江開市）を廃止することに成功し、朝貢貿易である燕行使貿易を継続させた。遼東側はこれに対して燕行使から銀徴収を行って対応した。一六世紀以降に中国周辺で活発化した互市貿易に朝鮮は利益をさほど見いださず弊害があるとみなしていた。明によって開市が強要されたということもあったが、既得権化していた朝貢貿易の利益（免税など）が朝鮮にとっては大きかったということであろう。互市貿易は朝貢貿易から利益を得ていた国家には魅力が薄かった可能性が高い。

注

（1）『大明会典』巻一〇五、礼部六三、朝貢一。ここでいう『大明会典』は万暦一五（一五八七）年刊本である（以下『大明会典』（万暦）と表記する）。

（2）『大明会典』（万暦）巻一〇八、礼部六六、朝貢四。

（3）『宣祖実録』巻一八六、宣祖三八年四月己巳条。

（4）許泰玖「一七세기 朝鮮의 焰硝貿易과 火薬製造法 발달」『韓国史論』四七、二〇〇二年六月、二一九～二二三頁。

（5）『攷事撮要』（奎章閣叢書第七、京城帝国大学法文学部、一九四一年）巻上、大明紀年、万暦三四（宣祖九、一六〇六）年条。この影印本の底本は光海君五（一六一三、万暦四一（癸丑））年刊本と推定され、現在はソウル大学校奎章閣韓国学研究院に所蔵される。以下「万暦癸丑版」と略す。

（6）中江の位置は未詳な点が多いが、張存武は開市が行われたのは、鴨緑江中の黔同島の北部、蘭子島の一帯と推定している（張存武『清韓宗藩貿易――一六三七～一八九四』（中央研究院近代史研究所（台北）、一九七八年）、一六八～一六九頁）。たしかに『大東輿地図』（一八六一年）では蘭子島と黔同島の中間に「中江」の文字があり（京城帝国大学法文学部編『奎

章閣叢書　第二　大東輿地図』（京城帝国大学法文学部、一九三六年）、七―一九面）、「関西清北全図」（一八世紀中葉）では黔同島の北方、大勝我島と清側陸地の間に「中江」の文字がある（嶺南大学校博物館編『영남대박물관 소장 韓国의 옛地図』（嶺南大学校博物館、一九九八年）、一六二頁）ため、ここでは張存武説に従いたい。

(7)『宣祖実録』巻四六、宣祖二六年一二月壬子条。

(8)『宣祖実録』巻五〇、宣祖二七年四月庚午条。

(9)『西厓先生文集』巻一六、雑著、中江開市条。

(10)李賢淑「一六～一七世紀朝鮮의 対中国輸出政策에 関한 研究」『弘益史学』六、一九九六年二月、二六頁。

(11)『宣祖実録』巻八二、宣祖二九年一一月丙申条。

(12)『宣祖実録』巻九一、宣祖三〇年八月丙寅条。

(13)『宣祖実録』巻一二四、宣祖三三年四月丙申条。

(14)『宣祖実録』巻一二四、宣祖三三年四月戊戌条。

(15)『事大文軌』巻三六、万暦二八年五月初五日条。

(16)『宣祖実録』巻一三〇、宣祖三三年一〇月戊子条。

(17)『宣祖実録』巻一三一、宣祖三三年一一月丙辰条。

(18)『宣祖実録』巻一四二、宣祖三四年一〇月癸未条。

(19)『宣祖実録』巻一四六、宣祖三五年二月甲申条。

(20)『事大文軌』巻四三、万暦三一年六月条。

(21)『宣祖実録』巻一七三、宣祖三七年四月丙申条。

(22)『事大文軌』巻四三、万暦三四年二月一六条。

(23)『事大文軌』巻四三、万暦三四年三月七日条。

(24)『事大文軌』巻四三、万暦三四年四月条。

(25)『事大文軌』巻四三、万暦三四年一〇月三〇日条。

(26)『事大文軌』巻四三、万暦三四年一二月条。

(27)『宣祖実録』巻一九六、宣祖三九年二月辛亥条。

(28)『光海君日記』(太白山本)巻八、光海君即位年九月辛卯条。

(29)『光海君日記』(太白山本)巻一一四、光海君九年四月辛丑条の引用咨文による。李賢淑も前掲論文にてこの史料を引用している(三八頁)。明側が朝鮮の廃止要請に応じた理由は管見の限りでは史料的に明らかではない。

(30)『光海君日記』(太白山本)巻一一六、光海君九年六月甲寅条。丘坦の要請に対し朝鮮は中江開市再開の返事を出さなかった(韓明基『임진왜란과 한중관계』(歴史批評社、一九九九年)、二一一頁)。

(31)劉家駒『清朝初期的中韓関係』(文史哲出版社、一九八六年)、五四頁。

(32)『光海君日記』(太白山本)巻五、光海君即位年六月庚午条。

(33)『辺例集要』巻八、公貿易、己酉条。

(34)『明神宗実録』巻三三一、万暦二七年三月丙戌条。

(35)万暦二六年一〇月に陳奏使正使として李恒福が北京に派遣され、黄汝一は書状官として同行した。黄汝一による旅行の日記が「銀槎日録」であり、彼の文集『海月集』に収録されている。

(36)「遼東雖僻在東、南實爲邦畿左輔、而朝鮮之貢道也。山産銀礦、地出人蔘・貂鼠狐皮・駿驥。逮至朝鮮八道、地沃土饒、金銀礦洞採煉成色。兼獺皮・弓箭・蠶繭・紙札方物不一而足。内虞選精美者不時進上。(中略)請準差尚膳監右監高準(ママ)、前去經理、不使地有遺利云云」(『海月集』巻一二、「銀槎日録」万暦二七年三月一二日条)。

(37)『明史』巻三〇五、列伝第一九三、宦官二、陳増条。

(38)新宮学「明代の牙行について――商税との関係を中心に」『山根教授退休記念明代史論叢』上(汲古書院、一九九〇年)、八五四頁。

(39)林楓「万暦礦監税使原因再探」『中国社会経済史研究』八〇、二〇〇二年三月、一三~一五頁。

(40)『万暦邸鈔』万暦二七年五月条および同年七月条。
(41)『明神宗実録』巻三六五、万暦二九年一一月条末尾。
(42)『明神宗実録』巻三八五、万暦三一年六月丙戌条。
(43)『明神宗実録』巻四一九、万暦三四年三月条末尾。
(44)『明史』三〇五、列伝一九三、宦官二、陳増条。
(45)高淮は、遼東の軍閥李成梁とも結託していた（和田正広『中国官僚制の腐敗構造に関する事例研究――明清交代期の李成梁をめぐって――』（九州国際大学社会文化研究所、一九九五年）、三三一頁）。
(46)「蔘在本地價甚不高。中國人轉市之、度山海諸關納税。而上之人求索無窮、近日加以内監高淮毎一檄取動以數百斤計。故數年以來佳者絶不至京師、其中上者亦幾與白鏹同價矣」（『五雜組』巻一一、物部三）。
(47)「備邊司啓曰。前日高太監、以中江蔘商不集事至於移咨。今見收税官狀啓、蔘商之不集非但物力之竭乏、實由於諸衙門脅買之所致。若此不已雖脅商賈使之往市、萬無湊集之理。太監不知此間曲折徒責商人之不集、則難處之患愈久愈激」（『宣祖実録』巻一六〇、宣祖三六年三月甲申条）。
(48)韓明基は中江開市が不振であった理由として朝鮮の物資が集まらなかったことのみを挙げており（前掲書、一九九九年、二〇九頁）、この史料にあるような、遼東が商人を脅迫するために商人が中江を敬遠するということを見逃している。
(49)『宣祖実録』巻一六〇、宣祖三六年三月壬申条。
(50)『明神宗実録』巻四四七、万暦三六年六月乙酉条。
(51)辻大和「一七世紀初頭朝鮮における人蔘政策の定立とその意義」『朝鮮学報』二一〇、二〇〇九年一月、六五頁。
(52)「今深山荒谷之民、茹草食藿、不知藥物爲何事而彊壯壽考不聞疾病。惟富貴膏粱之家子弟婦人、起居無節、食息不調而輒恃蔘朮之功、遠求貴售」（『五雜組』巻一一、物部三）。
(53)三田村泰助『清朝前史の研究』（同朋舍、一九六五年）、一六九～一七七頁。
(54)『宣祖実録』巻一四六、宣祖三五年二月戊辰条。明軍の朝鮮撤退（一六〇〇年）が銀供給減少の要因であった（李賢淑、前掲論文、三四頁)。

(55)「今雖不得一倣天朝之規差遣奉命之員、而別擇文官中有名望・剛明・勤幹之人、分戶曹郎廳稱號、下送義州、使之久留專管、逐日所納之稅作銀收捧、每月開數上納、則當此國儲匱竭之時、補益必多。敢稟」(『宣祖実録』巻一四六、宣祖三五年二月甲申条)。

(56)『宣祖実録』巻一六〇、宣祖三六年三月甲戌条。

(57)「參贊官徐渻曰。①前日把江委官爲南寇及逃兵而定送、其後天兵盡撤而仍留不還矣。上曰。遼東官人率家丁而留在義州乎。徐渻曰。然。留在義州。②勾管場市收稅云矣」(『宣祖実録』巻一四二、宣祖三四年一〇月癸未条)。

(58)『光海君日記』(鼎足山本)巻二五、光海君二年二月庚戌条。

(59)「備邊司啓曰。中江罷市議處咨文、似有日後難處之患矣。而此時應罷與否、其在中朝論議亦多。禮部遼東撫按、以至鎭江遊擊府、皆不關於此市、而必是革罷之願者也。其力辨而欲不罷者、只是輪回差定抽稅委官輩、與遼東鎭江大商賈若干人耳」(『光海君日記』(太白山本)巻二五、光海君二年二月庚申条)。

(60)「遼東巡按使熊廷弼劾奏。防海副總兵呉有孚、鎭江遊擊呉宗道役縱水兵、興販海上、每裝載貨物撤放中江、勒商民取直。甚至改換麗服、潛入屬國壓取貂參。其資本出有孚、而宗道爲之」(『明神宗実録』巻四五五、万暦三七年二月癸丑条)。

(61)「平安道觀察使朴東亮狀啓。臣近觀京外之人、多於義州中江貿易火藥。而其價亦不高踊云。臣以詔使迎候事到義州、細得其詳、則所謂唐人之賣火藥者、無賴唐人之輩。自遼陽至鎭江、其間許多鎭堡官上火藥暗裏偸出、或五六百斤或千餘斤。本國買賣人處、夜間潛買、(後略)」(『宣祖実録』巻二〇一、宣祖三九年七月癸未条)。

(62)『攷事撮要』(韓国国立中央図書館所蔵。請求記号は한古朝九一・四〇)巻上、大明紀年、万暦四〇年条。この刊本は粛宗年間(一六七四~一七二〇年)刊と推定される。該当箇所は後述の万暦癸丑版には含まれていない。

(63)「謝恩使柳澗復命啓曰。(中略)至於中江開市之事、日後難處之患、有不可勝言者。姑以目今弊端言之、我國牟利之徒、潛自越江、與唐人約換把參、折價以銀、仍成契券。先受其價、至還把參之日、唐人不分精麤、只就元數内、過半受之、只餘些少而不受。此後我國人、雖擇給品好之蔘、托以不好、終不受之。遲以歲月、改成其契券、常存其半、而只取其息。雖竭力償之、而其本長存。圖出委官票帖、督徵極慘。以此我國之人、無不破産」（『光海君日記』（太白山本）巻八、光海君即位年九月辛卯条）。

(64) 一六一〇年にはじめて朝貢品としての人蔘の「把蔘」が明に許可された（『攷事撮要』（万暦癸丑版）上、大明紀年、万暦三八年条）。宣祖三九（一六〇六）年には「把蔘」の禁令が出されたが、鴨緑江各地で密輸が行われた（『宣祖実録』巻二〇一、宣祖三九年七月癸未条）。把蔘とは人蔘を干して束ねたものである。燕行使の旅程中生蔘が腐敗しやすいことが問題であった。

(65) 「不特此也。嗜利之人、與唐人相熟、我國緊關之事隨卽脱漏。今者庶人肆之事、臣行未渡江之前、胡辭亂語、已播於唐人之口。至今思之、不覺竦然也。將臣此言、下諸大臣、熟議便否、進貢之外、別無相通之路、則疆域截然、別無難處之患矣」（『光海君日記』（太白山本）巻八、光海君即位年九月辛卯条）。

(66) 対馬も、朝鮮が密貿易（潜商）を警戒する理由として、国事が漏洩することがあると見なしていた（「彼の國これを禁するハ其の潜商によって國事を漏らすニいたらむことを慮かるか故なり」『朝鮮通交大紀』巻四、万松院公）。

(67) 李迎春『朝鮮後期王位継承研究』（集文堂、一九九八年）、一二二～一二三頁。

(68) 「高太監入歸之後、各處店税盡行撤罷、獨此江市因循至此。近年以來、馬島倭奴、中國貨物爲利、而潜商之弊滋蔓日甚。杜禍機防奸弊、唯在速罷關市」「萬曆四十年朝鮮國王致禮部請罷中江關市以清疆界以防奸弊事咨文」（中国国家博物館（北京）所蔵）。この檔案の写真は中国国家博物館編『中国国家博物館館蔵文物研究叢書　明代檔案巻』（上海古籍出版社、二〇〇六年）、八四～八五頁に掲載されている。

(69) 「今本親臨中江關一市、竝無蔘餌。査問據商人段四沈可等稟稱、進貢陪臣、并隨從員役夾帶過江、以致蔘斤稀少。看得進上蔘斤、半頼中江取足。而貴國進貢陪臣夾帶、無憑抽進」（『宣祖実録』巻一六〇、宣祖三六年三月壬申条）。

(70) 「遼東指揮使差官蔣天澤、齎咨入來。先是本國、請罷中江關市、主市委官、利其税不欲罷、呈文于指揮使司。指揮移咨問其便否、略曰、（中略）有貨有税、内地猶且不免、而況於外附之夷乎。嘗揣其意、彼以朝貢之途通、而貨物得以售厚利、所貢者一乘矣、而借名十乘。所貢者十乘、借名數十乘。驛路私自貿易、一則免税、一則獲利（後略）」（『光海君日記』（太白山

本）巻二五、光海君二年二月庚戌条）。なお韓明基は、この光海君二年二月庚戌条を用いて、明が、「再造之恩」（壬辰・丁酉の乱に際し民が朝鮮を援助したこと）を理由に朝鮮に対し中江開市存続を求めたとするが（韓明基、前掲書、七七頁）、燕行使が免税となることを遼東が指摘した箇所については言及していない。

(71)「（前略）至於貢使、不至挾帶一物、則毎赴京之行、必有口粮盤纏、而其外公貿易之物數目亦多。若於遼東査點抽税、則一行被其侵虐、難以堪支、其中狼狽、有不可勝言（後略）」（『光海君日記』（太白山本）巻二五、光海君二年二月庚戌条）。

(72) Ray Huang, *Taxation and Governmental Finance in Sixteenth-Century Ming China*, Cambridge: Cambridge University Press, 1974, pp. 229–233.

(73)『宣祖実録』巻一二七、宣祖三三年七月辛酉条。

(74)『光海君日記』（太白山本）巻三二、光海君二年八月乙未条。

(75) 申奭鎬「朝鮮中宗時代の禁銀問題」『稲葉博士還暦記念満鮮史論叢』（稲葉博士還暦記念会、一九三八年）、四四四～四四七頁。

(76)『辺例集要』巻八、公貿易、己酉条。

(77)「左邊捕盗大將韓希吉啓曰。去月間、鳥嶺途中、有賊劫殺行商、奪銀子數百兩」『光海君日記』（太白山本）巻六五、光海君五年四月癸丑条。

(78)『新増東国輿地勝覧』巻二九、慶尚道、聞慶県、山川条。

(79)『光海君日記』（太白山本）巻六七、光海君五年六月己酉条。

(80)「而爲使臣者、拘於人情、專以請托、①自望市井無頼之輩濫載禁物、貽弊無窮。②以此遼東都司毎行阻搪、需索銀兩罔有紀極」（『光海君日記』（太白山本）巻一〇〇、光海君八年二月丙午条、司諫院啓）。

第二章　朝鮮の対日通交再開と朝明関係

はじめに

本章は朝鮮の対日通交の再開過程と朝明関係との関わりを考察する。朝鮮の対外貿易においては、対明貿易とならんで対日貿易が重要であった。対日通交の再開過程において、朝鮮の対明関係がどのように作用したのかを本章では探る。

光海君元（一六〇九）年に朝鮮は対馬と正式に通交を再開した。光海君三年からは対馬が定期的な使船（歳遣船）を朝鮮に派遣し、日朝間の貿易が本格化した。そのことによって、日本から朝鮮を経て明に至る貿易経路が再形成された。壬辰・丁酉の乱後における日朝間の通交再開に関する研究は多数存在するが、朝鮮と明との関係が光海君元年以後、日朝間の通交や貿易にどのように影響し、それに対して朝鮮がどのように対応したのか、ということはいまだ明らかではない。本章では日朝通交の再開過程と朝明関係との関係を論じ、朝鮮の対外貿易のなかでの対明貿易政策の位置づけを把握する一助とする。

一　日朝通交の再開過程と貿易

1　再開初期日朝貿易の展開

一六世紀中葉以降、宣祖二五（一五九二）年に始まる日本軍による朝鮮侵略（壬辰丁酉の乱、宣祖二五〜同三一年）まで、朝鮮と日本との間の貿易は朝鮮南部の釜山浦で行われていた。日本側における貿易の実務と利益は対馬が独占していた。(1) 壬辰丁酉の乱の間、当然のことながら日朝貿易は途絶していた。その後宣祖三二（一五九九）年から朝鮮は対馬の使節派遣を認め、光海君元（一六〇九）年には対馬との間に通交の形式を定め（己酉約条）、対馬による貿易を許可した。朝鮮による貿易の許可は、（壬辰丁酉の乱の際に日本軍の被虜人となり、日本に連行された）朝鮮人の対馬から朝鮮への刷還が進んだこと、対馬が朝鮮との貿易に従来依存していたことを勘案したものであった。(2) 日朝間の講和交渉は対馬と朝鮮双方の使者の往来によって行われ、その過程でも朝鮮と対馬の間の貿易が行われた。(3) そして光海君三（一六一一）年には初めての歳遣船が対馬から釜山に派遣された。(4)

この時期の日朝貿易は、対馬からの使節の派遣船（年間の定数があるもの、歳遣船）が、派遣に付随して行っていた。光海君元（一六〇九）年には歳遣船の数が二〇隻と確定した。(5) これは壬辰丁酉の乱以前のものより五隻減らされたものであった。

再開後の日朝貿易の実施形態には、対馬島主が朝鮮国王に進上する封進とそれへの朝鮮からの回賜（封進・回賜）、倭館での公貿易、私貿易（開市）、密貿易の四形態があった。

進上としては対馬からは胡椒や明礬、蘇木が朝鮮国王に献上され、朝鮮国王からは人蔘や虎皮、豹皮、白綿紬などが対馬に回賜された[6]。

公貿易は需要にしたがって、朝鮮の諸官庁が対馬から物資を買い付けるものである。対馬から朝鮮にもたらされたものについては次の史料に記述がある。

十月　府使趙存性時、

第一船正官平智直、公貿易銀子五十斤、銅鐵三千斤、鑞鐵一千斤、鉛鐵六千斤、胡椒三千斤、丹木四千斤、黒角五百本、龍脳三斤、沈香三十斤、鍮鉐三百斤、（中略）

都船主公貿易、銅鐵千斤、鑞鐵五百斤、胡椒二千斤、鉛鐵三百斤、（中略）

押物公貿易、銅鐵七百斤、鑞鐵五百斤、鉛鐵三百斤、丹木千五百斤、胡椒千五百斤、黒角三百桶、（中略）[7]。

この史料によると、第一船の平智直や都船主、押物官らが公貿易を行った。品目に挙がっているように、銀、銅、鑞（鉛と錫の合金）、鉛、鍮鉐（真鍮）といった金属のほか、黒角（水牛角）、胡椒、竜脳、沈香といった東南アジア産の香辛料、染料の丹木（蘇芳）が公貿易により朝鮮に輸入されていたことがわかる。水牛角は弓の材料であり、銅は火器の材料であった。銅は特に平安道に送られたことが光海君六（一六一四）年の記録からわかる。

戸曹が啓して言った。「中央の経費は、元来備えがたいことを憂えます。（中略）、釜山浦の公貿易の銅鉄九〇〇〇斤余は、海路で次次と運ぶことを、昨年の夏の間に、すでに啓して施行を願ったところです。今、まさに到着して輸入されました。臣の官庁〔戸曹〕が三〇〇〇斤余を取ってそれを臣の官庁に留め置き、臨時の国用〔の備え〕とするほか、六〇〇〇斤は平安道観察使の元に運送し、それで火器を鋳造させれば、防衛用の強い武器を備えることができます[8]。

この史料によると、釜山浦に銅九〇〇〇斤余が到着したため、戸曹が三〇〇〇斤余を取り、平安道観察使の元（平壌）に六〇〇〇斤を送るようにしようと戸曹が提案した。平安道は明、女真と境を接する地域であり、火器配置の重点地域であったと考えられる。この時期、女真による朝鮮への挑発行動が激化していた(9)。それゆえ六〇〇〇斤の銅は国防用に役立てられることになったと考えられる(10)。田代和生によると、光海君五（一六一三）～仁祖一三（一六三五）年の間の公貿易において、日本から朝鮮に輸出される銅は、年間約二万八〇〇〇斤程度が定額とされていた(11)。

開市においては、開市に参加する朝鮮商人から朝鮮政府が収税を行った。朝鮮政府の収税の意図については次の宣祖四〇（一六〇七）年の史料に言及されている。

慶尚道観察使の鄭賜湖が急報して啓して言った。「（中略）今再び倭使に往来を許したので、市が開かれないことはありえません。これを開けば、税は収めないわけにはいきません。都と地方の商人が容易に倭市にやってくるのは、中江より甚だしいです。所管の官庁〔戸曹〕に、義州中江の例に依って、立法収税させ、或いは東萊府に、倭使接待の費用とさせれば、各官が割り当てをめぐって騒動になる弊害もなく、本府〔東萊府〕が〔倭に〕支給するものが欠乏するおそれもありませんから、適切なようです。所管の官庁に十分に議論させ指揮させることを啓します(12)」。

この史料の傍線部にあるように、特に慶尚道観察使は、東萊での対馬使節接待の費用を、開市からの課税収入から支出させようとしたことがわかる。そしてそれは「義州中江の例」、つまり中朝国境の中江開市における税収入の用途の例にならったものであった(13)。一七世紀には慶尚道内の郡県の田税米の一部が倭館に送られるようになっていたが(14)、倭館の開市からの収税という措置は、倭館への慶尚道からの財政的支出を補うためのものであったと考えられる。

日朝貿易では密貿易も行われた。司憲府による密貿易に関する啓は次の通りである。

司憲府が密かに啓して言った。「倭賊は我が朝鮮にとって、永遠に報復せねばならない敵です。（中略）ところが臣等が慶尚道観察使姜籤の状啓を取って見ますに、近ごろ京の各官庁からの派遣人が、公貿易といつわって、禁制されたはずの物を、公然と密輸し、倭が恐喝することを招いたといいます」[15]。

この史料によると、朝鮮の各官庁が派遣した者が、公貿易と偽って公然と禁制品を密輸している、というのである。具体的な禁制品の品目は確認できないが、官庁による公貿易という形をとれば規制が緩くなっていたことがわかる。

また朝鮮への具体的な密輸入品は銀であったという例がある。光海君四（一六一二）年の密輸に関しては次の史料のように述べられている。

壬子万暦四〇年〔一六一二年〕六月、〔東莱〕府使が成普善であったとき、潜商曹汗茂の証文一枚のことで、倭船が到来し、使者が書契を備えて持ってきた。当初汗茂は、契約書〔文〕を作成して倭人から〔商品の代価としてあらかじめ〕銀を受領し、〔その銀で〕商品をひそかに購入した形跡が露見したため、〔その購入した〕商品は所管の官庁に送ったのであった。今、倭人が証文を持ち到来したので、本銀を返還することにした。故に銀四〇〇両余を計算して倭人に支給した[16]。

この史料によると、曹汗茂が契約書（文）によって銀を倭人から受領し、商品購入を委託された。しかし商品をひそかに購入したことが官庁に露見したために、銀を用いて購入した商品が没収されたものと見られる。ここでわかる取引の形態は日本側があらかじめ銀を朝鮮の商人に支給し、日本側が求めた商品を朝鮮商人が調達するというものである。

銀の流通路は釜山の外にも広がっていた。この密輸事件が起きた翌年、慶尚道からの上京路に位置する鳥嶺において、東莱商人が携行する銀をねらった強盗殺人事件が発生した[17]。東莱から首都に銀が流通する経路が開かれていたことになる。

2 朝鮮政府の釜山における貿易管理策

次に釜山における、朝鮮政府による貿易管理について整理する。

第一に倭館における開市日程の調整について見てみる。備辺司による開市日程についての意見は次の史料の通りである。

備辺司が啓して言った。「釜山倭館開市のことは、すでに裁可を得て本道に施行されたものです。ちょうど挙行しようとすると、開市の開催日〔の間隔〕が疎らに広がっていますので、倭人はそのために長く滞留し、そのあいだに密輸の弊害がないわけがありません。今より以後は、三日に一回ずつ開市を許し、彼らに一緒に売買させます。(18)」

この史料から、それまで開市の日程の間隔が拡がりがちであったために、倭人が長く倭館に滞留していたことへの対策として、備辺司が三日に一回と開市の回数を増やし、定期化しようとしたことがわかる。その後開市の日程は一ヶ月に六回と決められたが(19)、それは倭館の倭人の滞在期間を短縮させる意図があった。

第二に、開市での売買には禁制品があった。光海君三（一六一一）年の戸曹の通知は次の史料の通りである。

辛亥〔一六一一年〕七月、戸曹の関文のうちに、「館市で綿紬〔白絹〕を持ち売ることは、一切禁断する。もしこれを犯す者があれば、その物は公に没収し、律に依って罪を定める云云」とあった。追って到来した備辺司の関文のうちに、「天朝は、蟒竜緞を用いることを禁じている。此は館市に入れて売ることを許さないように。その他のさまざまな緞子は、すべて開市させること」とあった(20)。

この史料から釜山の倭館での売買においては、白絹などの高級品と並んで、明朝に関係する物品が規制されていたことがわかる。ここで言及されている蟒竜緞は、明皇帝の着衣であったことから、明では着用が禁止されていた[21]。また綿紬は前述のように、朝鮮国王から対馬に回賜する品であったことから、みだりに取引すれば朝鮮政府が調達難に陥るために、取引が禁じられたものと推測される。

第三に朝鮮政府は、開市に参加する朝鮮商人に課税し、中央に取引商品と課税額を報告するシステムを整備した。備辺司は貿易の管理について次の史料のように述べている。

各日開市の時、某行状をもった商人が、某某物貨を所持し、某某物と交換し、税を幾斤課税したかということを、名の下に記録し、東萊府使が詳しく調べて帳簿を作り、月のはじめごとに、一件は戸曹に報じ、一件は本司〔備辺司〕に報じるべきです[22]。

この史料では、東萊府使が、開市における貿易品、代価、課税額、商人名を記録し、戸曹と備辺司に対して毎月報告することが企図されている。

このように、朝鮮の朝廷は倭館開市の開催日数を増やして倭人の滞留を減らそうとしたほか、繊維製品の規制を行った。その中には明朝での禁制品である蟒龍緞が含まれていた。こうした規制は、明から禁制品を貿易しないよう求められたために朝鮮政府が導入したものと推測される。そして朝鮮政府は倭館開市における取扱品と課税額を記録し、戸曹と備辺司に報告させる制度を作ることを企図したのであった。

以上のように、朝鮮は光海君元（一六〇九）年に対馬との通交を正式に再開した。貿易には倭館における封進回賜、公貿易、私貿易、密貿易の四種類があった。対馬から朝鮮に送られる歳遣船の数は一年に二〇隻に減らされたが、朝鮮は日本から水牛角や銅、銀などを調達することができるようになった。また朝鮮は開市における商取引に課税を行い、銀収入を得ようとした。一方で銀を用いた密貿易も見られた。朝鮮は倭人を倭館に滞留させない開市日程作りや、明の禁制品を含む貿易品の取り締まりを行った。

二　明からみた日朝貿易

1　明による日朝関係への疑念

壬辰丁酉の乱に明軍が来援した際、明人官僚のなかに、朝鮮の対日通交を記録した書物を読んだ者があり、その結果、過去における朝鮮の対日通交の実相が明側に知られることとなった。宣祖三一（一五九八）年の丁応泰のようにそれを問題視する明の官僚もいた。丁応泰の報告は朝鮮に転送されており、内容は次の史料の通りである。

臣が定州に出向いた際に、臣の従者が布数尺で朝鮮の古い書物、小包、食物を購入しました。書名は『海東紀略』[23]といい、朝鮮が倭と友好関係にある事は事実でした。丙戌年から寿蘭を日本に派遣して書契と贈り物をもたらし、薩摩の諸州や対馬の諸郡、諸浦は、図書〔印〕を受け年ごとに倭船を往来させて互市を行うことを約しています。あるいは朝鮮の米豆を受け、絹布千匹、米五百石を伊勢守に送って日本に転送されたといいます。皆日本が献納し互市をしているという事実です。〔中略〕これ〔この事実〕によってそれ〔現在の日朝通交〕を見れば、綿紬と米の説は根拠があり倭を招いてその地に呼び戻しているとの説は嘘ではありません。[24]

この史料によると、丁応泰は日本の侵略以前に、日本と朝鮮が友好関係を結んでいたと述べている。これに対し、朝鮮は日本との通交は日本への懐柔政策〔羈縻政策〕であると弁明し[25]、弁誣の使節を送ったところ皇帝にもその弁明は認められた[26]。ところが、その後も明側には朝鮮の対日関係に対する疑念が残った。遼東に駐在した明の副総官楊広も朝鮮が日本と通交していることを牽制した。次の史料は楊広が朝鮮に来訪した際に、楊広が宣祖と行った対話の記録の一部であり、楊広が朝鮮の対日関係について宣祖に質問している。

〔楊〕広は言った。「貴国〔朝鮮〕の陪臣に、売国の者がいます。倭と書を通じて往復させるに及んでいます。そのような人は調べないわけにはいかない」。王は言った。「我が国の愚民は、残虐な脅威をうけていますので、賊につく者もいることでしょう。どうして陪臣にそのような道理がありましょう。大人はすでにその糸口を発したのですから、その人の姓名を聞かせていただきたいです」[27]。

この史料中で、楊広は朝鮮に日本と書信を通じる者がおり、日本と通じた者は調べるべきである、と述べた。それに対し、宣祖はそのような者は存在しないと否定したのであった。

その後朝鮮は遼陽の軍門（巡撫）が交代する際に日本情報を提供するなど、明の信認を得るべく努力したようである。日本情報の明への提供については、次の宣祖三六（一六〇三）年の備辺司の上奏の史料がある。

備辺司が啓して言った。「褰軍門［遼陽に駐箚する者］が新たに任所に到着したため、まだ倭情に通じておらず、本国〔朝鮮〕が情報を隠しているものがあるかと疑っています。そこで孫文彧［嘗て賊中に捕虜となり賊情を詳細に知るという者］を軍門に送り、詳細な調査に備えたいです」[28]。

この史料によると、新しく赴任した軍門も朝鮮が日本情報を隠しているのではないかと疑っているとの見解を備辺司は持っていた。

このように明は丁酉の乱直後から、日朝通交に対する懐疑的な見解を繰り返し示しており、朝鮮もそれに対応して明の疑念を晴らすための外交活動を行っていた。

〈表1〉1590年代末～1610年代における明官の釜山訪問歴

年	月	明官名	目的	典拠
宣祖32（1599）	7	茅遊撃	倭情	『宣祖実録』宣祖32年7月丙寅条
宣祖39（1606）	不明	遊撃　劉興漢	倭情	『攷事撮要』大明紀年、万暦34年条
宣祖39（1606）	12	楊備禦	刷還	『宣祖実録』宣祖39年正月丁未条
光海君2（1610）	3	蔡指揮	倭情	『光海君日記』、光海君2年3月戊子条
光海君4（1612）	9	指揮　黄応楊	倭情	『辺例集要』巻19、関防条
光海君5（1613）	10	李指揮	倭情	『光海君日記』光海君5年10月壬寅条

2　明官の東莱巡回

朝鮮は、光海君二（一六一〇）年九月から義州の事例にならって日本情報を東莱府から中央に直送させるようになった[29]。東莱は日本情報の入手拠点となった。一方でその東莱を明の官が直接訪問して日本情勢や倭館での通交状況を調査することがあった。最初に明官が東莱を来訪したのは宣祖三二（一五九九）年であり[30]、その後節目ごとに明官が来訪した。来訪の記録を整理したのが〈表1〉である。

この〈表1〉から明官は主として「倭情」探索を目的に東莱を来訪したことがわかる。宣祖三二年は丁酉の乱直後であるが、宣祖三九（一六〇六）年の来訪は朝鮮と日本の講和交渉と関係しての来訪と考えられる。

〈表1〉に現れる明官については朝鮮側、明側史料にもこれ以上の情報がない。ただし、『明史』の総兵官に関する説明に遼東総兵官のもとに遊撃将軍八人、守備五人、座営中軍官一人、備禦十九人の順に配置されていたという条文があることから[31]、遊撃が総兵官に次ぐ地位にあったと推測される。また、都指揮使司には都指揮使一人（正二品）、都指揮同知二人（従二品）、都指揮僉事四人（正三品）が配置されていたことから[32]、ここに出てくる指揮は都指揮同知か、都指揮僉事のいずれかと考えられる。

光海君二（一六一〇）年の蔡指揮の来訪の場合、釜山での具体的な行動が蔡指揮の朝鮮側接伴官であった許廷式によって朝鮮朝廷に報告されている。その報告の内容は次の史料の通りである。

蔡指揮の接伴官である許廷式が急報して啓して言った。「指揮の一行は、釜山に到着し倭館の近傍に天幕を設営し、暫く軍威を示していました。〔指揮は〕訓導朴彦璜に倭人一一名を招かせ、〔倭人からの〕礼を受けた後に質問しました。（中略）

〔指揮が〕言った。「汝らがもたらす物品は、何種類あるのか」、

〔倭人が〕答えた。「ただ胡椒丹木の数種のみです」、

〔指揮が〕言った。「汝等の売買のことは、天朝がすでにそれを許可したものなので、これはまだ行えることなのである。その外に求索することなく濫りに越えて来ることはないか？もしあれば、天朝は処置することになる。汝らはそれを分かっているのかいないのか」、

〔倭人が〕答えた。「小人らが欲することは、ただその売買だけです」

〔指揮が〕言った。「売買のことは、必ずしも長く続かない。どうしてこのように滞留しているのか」、

倭人らが言った。「入れかわり売買し、行く者がいれば来る者がいます。どうしてあえて長くいることがありましょうか」、

指揮がまた言った、「軍門の長はまさに鴨緑江のほとりにいて、我を朝鮮に派遣し、倭情を深く調べさせようとして来させた。汝らが懇ろにすることがあれば、包み隠さずすべて述べよ。吾が軍門に告げてそれを処理するであろう」。

倭が答えて言った。「特別に願いはありません」、

指揮がまた言った。「汝らは速やかに売買し、滞留することがないように」。

酒饌などのものを給し、倭人等はぬかずいて退席した。指揮はすぐに東莱に戻り、初五日梁山郡に向けて出発しました」[33]。

この史料から明官が東莱を訪問し、倭人に直接聞き取り調査を行っていたことがわかる。史料の傍線部において指揮は倭人らに対して、速やかに売買を行い、倭館に長期滞留することがないように言い渡している。このことから、明将にとっても倭人が倭館に長期滞留していたことが歓迎されざる事態となっていたことがわかる。明将からみれば、倭人が貿易を標榜して、倭館に長期滞在していたことが不審に感じられたのであろう。

以上のように、明は日朝の通交再開に懐疑的であったと推測される。明は官を何回も釜山に派遣し、倭人への聞き取り調査を行うなど日朝通交の実態調査を行っていた。日朝貿易の開始後、貿易を標榜した倭人の長期滞在は明が警戒するものであったと考えられる。

三　明の干渉の背景――琉球侵攻の影響――

明による日朝貿易の監視（＝明将が東莱を来訪して日朝貿易を調査したこと）の背景としては、日本の薩摩による琉球侵攻も背景にあると考えられる。琉球は朝鮮と同じく明の冊封を受ける朝貢国であった。朝鮮には琉球侵攻（光海君元〈一六〇九〉年三月）の報は対馬からもたらされた。琉球侵攻に関する朝鮮側の記録は次の通りである。

庚戌万暦三八〔一六一〇〕年三月に、宣慰使の李志完が、そのとき倭使の玄蘇が出来し、事情を聴取したところ、「琉球国が、薩摩太守と不和を起こしており、日本に兵を求めた」、ということを啓した[34]。

この史料の後半部は事実とは反するとはいえ、前半部にある、薩摩と琉球が戦ったという記述は正しい。朝鮮はこのほか、光海君二（一六一〇）年七月に北京に派遣した使節を通じて琉球侵攻の事実を把握していた[35]。明では光海君四年一月に琉球が派遣した使節から、日本が琉球に日明交渉を担わせようとしていることが判明する。明は琉球に一〇年後の進貢を命じ、明朝廷で通倭の禁止を求める議論が提起されるなど、明では対日警戒論が強まった[36]。そして朝鮮が日本と貿易を行っていることを問題視する議論が光海君五（一六一三）年に明で提起された。次の史料は浙江総兵の楊宗業と、遊撃の沈有容等による上奏の概略である。

これより先、浙江総兵の楊宗業と、遊撃の沈有容等が上奏した。「日本の薩摩州の兵は強く無敵です。新たに琉球国を滅ぼし、その王を捕えました。今また朝鮮の釜山に拠点を借り、市を開いて往来しています。全・慶の四道〔全羅・慶尚道の各左右道、合計四道を指すと考えられる〕では、倭奴と半ば雑居しており、朝鮮の君臣は伏せてこれに従っています。今朝鮮は言を強めてわが方の人〔明官〕を入らせませんが、彼の国は表向きには明人が騒ぎを起こすことを苦にしていると言いながら、実際にはその倭に従っているという情況が洩れるのを恐れているのです[37]」。

この史料では、全羅道と慶尚道で倭人と朝鮮人が雑居しており、朝鮮の君臣が従っていると述べられており、事実と相違することが述べられている。楊宗業らは朝鮮が倭の影響下にある、と言いたいのであろう。この年の三月にも備辺司により明官が倭情について疑念をもっているという報告があがっており[38]、明が対日関係について敏感になっていたことがわかる。

その背景として日本人を朝鮮に入れることを歓迎してはならない、日本は中国に侵略することを忘れていない、という議論が明中央で生じていた。次の史料は光海君四（一六一二）年のものである。

兵部が申し上げた。「倭が釜山から逃亡して十余年になり、海波は荒れません〔戦いは起きなかった〕でした。しかしその心は未だ嘗て一日も中国を忘れたことはありません。三七〔万暦、一六〇九〕年三月に倭は琉球に入って中山王を捕虜として帰り、四月には我が寧波の牛欄に、また温州の麦園頭に入りました。五月には対馬島に入り、倭酋の雲蘇等は到来して、その国王源秀忠の命を持参し、朝鮮に道を借りて中国に通貢したいといいました」。[39]

ここでは琉球侵攻から浙江の寧波、温州への日本人の到来、対馬と朝鮮の交渉が一連のものである、と明の兵部に認識されていることがわかる。つまり日本の大陸への再進出を明の兵部は恐れているのである。その前の光海君二（一六一〇）年から、福建方面から日本の動きへの警戒論が出ていた。倭に備えて防衛を整える必要が提起されたほか、[40]倭人と通交する福建の人間がいるとの報告があがっていた。[41]

それを受け明の朝廷において、大洋に出て倭と販通する軍民は罰し、海禁を厳格化すべきであるとの主張が出た。兵部が海禁について回答を行った様子が次の史料に記されている。

兵部が題本で福建巡撫の丁継嗣と巡按の陸夢祖の奏文に覆した。倭と通じた蔡欽、陳思蘭等を捕獲したことについては、皇帝の処断によって速やかに重要な制度を正し、国法を明らかにし、あわせて海禁を厳しくすべきです。一に〔港を管理する官の〕澳甲に責を負わせ、二に県官に責を負わせ、三に官兵に責を負わせ、四に各道に責を負わせるべきです。上はこれを是とした。[42]

兵部は福建からもたらされた、倭人と通じた明人の処罰の上奏に対し、海禁を厳格化すべきであると回答している。その後明中央は遼東に対して、次のような指令を下している。

遼東撫按官に命じ、朝鮮には兵を募集して訓練し倭から防衛させ、そして〔遼東の〕海蓋道に責務をおわせて、兵器を選び、兵船を整備し、務めて実用を求め、そのことで支援を盛んにさせるべきである。[43]

この史料の要点は遼東から朝鮮に兵を集めて訓練させ、日本からの防衛を強化するよう指令するように、というものである。こうした明による国防強化の指令と関連し、朝鮮からは弁誣の上奏が行われた(44)。

こうした流れに対し、明皇帝は光海君五（一六一三）年九月に、朝鮮に対し次のような詔を出した。

詔していった。「朝鮮は代々恭順であることはもともと知っていることであり、倭奴は朝鮮に戻ることを窺っても、また厳しく防備をし、狡猾な企みを絶てば、必ずしも道路〔の語〕が誤って伝わって疑いと恐れを生むことはないであろう。釜山に市を設けることは、該国が先年議定したことに照らし、船のその数目、留浦の期日は、すこしも違反させないよう、以後は心に戒めよ(45)」。

この史料の傍線部で皇帝が述べているのは、朝鮮による議定事項（約条）の遵守であり、歳遣船の回数、滞在日数の期限を守る限り朝鮮に対しては不問に付すということである。したがって浙江総兵らによって提起された疑念は問題ないものの、朝鮮に対しては己酉約条の履行が至急の課題となったといえよう。約条にしたがって日本人が倭館を来訪することはよいが、彼らが約条に違反して長期滞在することは認めない、ということであろう。朝鮮の対日通交が、明の介入を受けていたことは以上のことから明らかである。ただ明は一定の範囲（己酉約条で定めた範囲）で対日通交を認めるものの、厳格に通交を管理することを求めたといえる。

以上のように、光海君元（一六〇九）年に明の朝貢国であった琉球が薩摩に征服されると、明の中では日本に対する警戒姿勢が強まり、朝鮮の対日貿易も問題視する意見が出された。それに対し、明皇帝は朝鮮に対して己酉約条の履行（歳遣船の制限、倭館滞在日数の厳守）を直接に要求した。朝鮮の対日貿易は明から監視と介入を受けるものとなっていた。

おわりに

以上、壬辰・丁酉の乱後の朝鮮による対日貿易の再開過程と朝明関係との関わりを見てきた。本章での考察を整理すると次のようになる。

光海君元(一六〇九)年に東萊での日朝貿易が正式に再開した。貿易には封進回賜、公貿易、倭館での開市(私貿易)、密貿易の四種類があった。対馬から朝鮮に送られる歳遣船の数は年間二〇隻に減らされたが、朝鮮は公貿易を通じて日本から国防上必須の水牛角や銅、国際貿易上必要な銀などを調達することができるようになった。また朝鮮は開市で商取引を行う朝鮮商人に課税し、銀収入を得ようとした。一方で銀を用いた密貿易も見られた。

日朝貿易が再開した後、朝鮮は東萊の倭館に倭人を長期滞留させない開市日程作りや、明の禁制品を含む貿易品の取り締まりをおこなった。明は朝鮮の対日通交に疑念を持っていたことから、官を釜山に派遣して日朝通交の実態調査を行った。明官は、必要以上に倭館に長期滞在することを止めるよう、倭人に対して直接求めたこともあった。

明中央では日朝の通交自体が問題視されることがあった。光海君五(一六一三)年には明皇帝は朝鮮に対して対馬からの歳遣船の制限や、倭館における倭人の長期滞留の禁止を直接に要求した。明は朝鮮に対して、一定の範囲で対日通交を認めるものの、厳格に通交を管理することを求めたといえる。

このように壬辰・丁酉の乱後、日本から朝鮮を経て明へ向かう貿易経路が再開されたわけであった。前章などで見たように、朝明貿易において明は商取引の活発化を企図した介入(中江開市への誘導)を図った。それに対し、本章で見た日朝貿易に対して明は商取引の活発化を図らず、むしろ取引の厳格管理を求めるような介入を行っていたことがわかる。そして倭館開市への取締を見る限り、朝鮮は倭人を長期滞在させないための開市日程作りや貿易の報告など、明から疑念を持たれないような対日貿易政策を実際に行ったといえる。

注

（1）田中健夫『中世対外関係史』（東京大学出版会、一九七五年）、一六五〜二〇四頁。
（2）『朝鮮通交大紀』巻四、万松院公、慶長九年条所載の万暦三二年七月一一日付朝鮮国礼曹諭文。
（3）『宣祖実録』巻二〇二、宣祖三九年八月戊午条。
（4）田代和生『近世日朝通交貿易史の研究』（創文社、一九八一年）、五八頁。
（5）『光海君日記』（太白山本）巻一七、光海君元年六月丁丑条。
（6）田代和生、前掲書、一九八一年、五八〜六二頁。
（7）『辺例集要』巻八、公貿易条。
（8）「戸曹啓曰。京師經費、固患難備。（中略）釜山浦公貿易銅鐵九千餘斤、自海路次次運來事、上年夏間、曾已啓請行會。今方來到輸入。臣曹除三千餘斤留置臣曹、以爲不時國用外、六千斤運送平安道觀察使處、使之鑄成火器、則可備禦敵之利器」（『光海君日記』（太白山本）巻八〇、光海君六年七月甲子条）。
（9）咸鏡道、平安道では日本軍の撤退後に北方国境地帯を女真が襲撃する動きが続いていた（『宣祖実録』巻一八六、宣祖三八年四月壬子条）。
（10）当時の朝鮮国内での一般的な銅消費の動向は未詳であるが、銅銭の常平通宝が鋳造される（一六三三年）以前であり、鳥銃の整備が進められていた（米谷均「一七世紀前期日朝関係における武器輸出」藤田覚編『一七世紀の日本と東アジア』（山川出版社、二〇〇〇年）、四三〜四八頁）時期であることから、銅の主要な用途に武器製造が入っていたと推測される。
（11）田代和生、前掲書、一九八一年、三五二頁。
（12）「慶尙道觀察使鄭賜湖馳啓曰。（中略）今亦既令倭使往來、則市不可不開。既開焉、則税不可不收。而京外商賈之徒樂趨倭市、有甚於中江。令該司、依義州中江之例、立法收稅、或令東萊府、以爲倭使接待之需、則各官無分定侵擾之弊、本府無支供缺乏之憂、似爲便當。令該司、十分商量指揮事、啓」（『宣祖実録』巻二一二、宣祖四〇年六月辛亥条）。

(13) 明からの勅使接待に必要な銀についても戸曹など中央にある官庁には貯蓄がなく、宗親や官僚から徴収する策がとられたほどであった（『光海君日記』（太白山本）巻五、光海君即位年六月庚午条）。

(14) James B. Lewis, *Frontier Contact between Chosŏn Korea and Tokugawa Japan*, London: RoutledgeCurzon, 2003, pp. 110–113.

(15) 「司憲府密啓曰。倭賊之於國家、有萬世必報之讐。（中略）而臣等取見慶尙監司姜籤狀啓、近來京各司差人等、托稱公貿易、應禁之物、公然潛商、以致倭奴恐喝云」（『光海君日記』（太白山本）巻二六、光海君二年三月庚辰条）。

(16) 「壬子萬曆四十年六月、府使成晋善時、潛商曹汗茂明文一丈、倭船出來、使具書契持來。當初汗茂、成文受銀於倭人、而潛買物貨之跡現發、物貨上送該曹矣。今者、倭人接明文出來、還推本銀。故銀四百餘兩、計給倭人」（『辺例集要』巻一四、潛商条）。

(17) 『光海君日記』（太白山本）巻六五、光海君五年四月辛亥条。

(18) 「備邊司啓曰。釜山倭館開市之事、曾已啓下行會于本道。方爲擧行、開市日次稀闊、倭人因此久留、其間不無潛商之弊。自今以後、毎三日一次許令開市、使之公同賣買」（『光海君日記』（太白山本）巻三三、光海君二年九月辛亥条）。

(19) 『東萊府接倭事目抄』、庚戌十月条。

(20) 「辛亥七月、戸曹關内、館市綿紬持賣者、一切禁斷。而如有犯者、其物屬公、依律定罪云云。追到備邊司關内、天朝、禁用蟒龍緞。此則勿許入賣於館市。其餘雜色緞子段、幷令開市事」（『辺例集要』巻九、開市条）。

(21) 『明史』巻六七、志四三、輿服三、文武官常服条。

(22) 「各日開市時、持某行狀商人、齎持某某物貨、換貿某某物、抽稅幾斤、具錄於名下、東萊府使清査造册、毎朔末、一件報戸曹、一件上送本司」（『光海君日記』（太白山本）巻三三、光海君二年九月辛亥条）。

(23) 『海東紀略』が指す本は未詳である。『海東紀略』を書名に持つ本は韓国国立中央図書館に所蔵が確認されるが、一九世紀に作成された写本であることから、一六世紀の存在が確認できない。申叔舟撰『海東諸国紀』は日朝通交に関する事実を豊富に掲載し、成宗二（一四七一）年に成立したことから、『海東紀略』は『海東諸国紀』の別称であるか、明人に書名が誤伝したものの可能性がある。

（24）「臣行次定州、而臣従役以布數尺換鮮民舊書包裹食物。書名海東紀略、乃朝鮮與倭交好事實也。自丙戌年遣壽蘭齋書禮達日本、薩摩諸州及對馬島諸郡諸浦、或受圖書約歳通倭船互市。或受朝鮮米豆、至納紬布千匹米五百石于伊勢守轉達。日本皆獻納互市之實跡也。（中略）由是觀之、紬米之説有據而招倭復地之説非虚語也」（『宣祖実録』巻一〇四、宣祖三一年九月癸卯、丁應泰題本）。

（25）『宣祖実録』巻一〇五、宣祖三一年一〇月癸酉条。

（26）『攷事撮要』（万暦癸丑版）上、大明紀年、万暦二七年条。

（27）「廣曰。貴國陪臣、有賣國者。至與倭通書往復。如此之人、不可不察。上曰。小國愚民、爲虐威所劫、或有附賊者矣。豈有陪臣如此之理。大人既發其端、請聞其人姓名」（『宣祖実録』巻一〇八、宣祖三二年二月丁巳条）。

（28）「備邊司啓曰。蹇軍門［駐劄於遼陽也］新到任所、必未悉倭情、疑本國有隱情者。然故欲送孫文彧［曾被虜於賊中備知賊情云者也］於軍門、以備盤問」（『宣祖実録』巻一六二、宣祖三六年五月癸亥条）。

（29）『辺例集要』巻一九、関防条。

（30）『宣祖実録』巻一一五、宣祖三二年七月丙寅条。

（31）『明史』巻七六、志五二、職官五、総兵官条。

（32）『明史』巻七六、志五二、職官五、都指揮使司条。

（33）「蔡指揮接伴許廷式馳啓曰。指揮一行、到釜山設帳幕于倭館近處、暫陳軍威。令訓導朴彦璜招倭人十一名、受禮後問曰。（中略）曰。汝等所齎物件、何等色耶。答曰。只胡椒丹木數種而已。曰。汝等買賣一事、則天朝已許之、此則猶可爲也。此外得無求索濫越之事耶。若然、天朝自有處置。汝等知否。答曰。小人等所欲者、只此賣貿而已。問曰。買賣之事、不必持久、而何如是濡滯耶。倭奴等曰。相遞買賣、或往或來、豈敢久乎。指揮又曰。軍門老爺方在鴨緑江上、差送我于朝鮮、使之深聽倭情而來矣。汝等有所懇之事、悉陳無隱。吾告軍門而處之。倭答曰。別無所懇。指揮又曰。汝等從速買賣、毋爲留滯。給酒饌等物、倭人等叩頭而退。指揮卽還東萊、初五日發向梁山郡」（『光海君日記』（太白山本）巻二六、光海君二年三月戊子条）。

(34) 「庚戌萬曆三十八年三月、宣慰使李志完、時倭使玄蘇出來、問情、則琉球國、與薩摩太守生釁、請兵于日本云云事、啓」（『辺例集要』巻一七、雑条）。

(35) 夫馬進「一六〇九年、日本の琉球併合以降における中国・朝鮮の対琉球外交」『朝鮮史研究会論文集』四六、二〇〇八年一〇月、一二頁。

(36) 渡辺美季「琉球侵攻と日明関係」『東洋史研究』六八―三、二〇〇九年一二月、一〇二～一〇六頁。

(37) 「先是、浙江總兵楊宗業、遊擊沈有容等奏曰。日本薩摩州兵強無敵。新滅琉球國、俘其王。今又借居朝鮮釜山、開市往來。全慶四道、半雜倭奴、朝鮮君臣伏而從之。今聞朝鮮力辭吾人不入、彼國名雖苦吾人輕擾、實恐洩其從倭之情也」（『光海君日記』（太白山本）巻六六、光海君五年五月乙丑条）。

(38) 『光海君日記』（太白山本）巻六四、光海君五年三月甲子条。

(39) 「兵部言。倭自釜山遁去十餘年來、海波不沸。然其心未嘗一日忘中國也。三十七年三月倭入琉球虜中山王以歸、四月入我寧區牛欄、再入溫州麥園頭。五月入對馬島倭酋雲蘇等、來致其國王源秀忠之命、欲借朝鮮之道通貢中國」（『明神宗実録』巻四九八、万曆四〇年八月丁卯条）。

(40) 『明神宗実録』巻四七三、万曆三八年七月癸亥条。

(41) 『明神宗実録』巻四七六、万曆三八年一〇月丙戌条。

(42) 「兵部題覆福建巡撫丁繼嗣、巡按陸夢祖奏。擒獲通倭蔡欽陳思蘭等、乞宸斷處治亟正重典、以彰國法、併申嚴海禁。一責成澳甲、二責成縣官、三責成官兵、四責成各道。上是之」（『明神宗実録』巻五〇三、万曆四〇年一二月乙巳条）。

(43) 「命遼東撫按官、諭朝鮮招募訓練防倭、仍責成海盖道、簡除戎器、製練兵船、務求實用、以壯聲援」（『明神宗実録』巻五〇四、万曆四一年正月庚申条）。

(44) 『光海君日記』（太白山本）巻六六、光海君五年五月乙丑条。

(45)「詔曰。朝鮮世爾恭順朕所素知、倭奴窺伺還、嚴行修備、以絶狡謀、不必以道路訛傳自生疑畏。其釜山設市、照該國先年條議、船隻數目、留浦日期、不得尺寸踰越、以後戒心」(『明神宗実録』巻五一二、万暦四一年九月乙亥条)。

第三章　一七世紀初頭の朝明貿易と人蔘政策

はじめに

本章は、一七世紀初頭朝鮮における人蔘(1)の流通過程と、人蔘流通に対する朝鮮政府の施策を考察することにより、朝鮮政府の人蔘への政策がどのように定立したかを明らかにすることを目的としている。第一章と第二章でみたような、対明貿易への取り組みのなかで、朝鮮政府が輸出商品を実際にどのように取り扱ったのかを考察する。

一六世紀から一九世紀にかけて、東アジアでは活発な国際貿易が行われていた。一七世紀以降の朝鮮は日本から銀や銅を輸入し、その代価として特産物の人蔘や綿布を日本へ輸出した(2)。また一七世紀中葉以降、朝鮮は中国への使節派遣に付随して貿易を行い、中国産の絹織物、薬材などを輸入した。その際の朝鮮側の主な決済手段は銀であった。しかし、国内で充分な量の銀を準備できなかった朝鮮としては、もっぱらそれを日本からの輸入に頼るほかなかった(3)。そして前述のように人蔘が主要な輸出物であったことから、朝鮮王朝にとって人蔘は国際貿易上、重要な商品であったといえる。

朝鮮政府の人蔘政策に関する既存の研究では、一七世紀前半以前の人蔘政策が実証的に解明されていないことが課題である。人蔘取引についての研究は一七世紀後半以降に関して蓄積がみられ、商業と人蔘の関係の重要性、商人の管理政策などが明らかにされてきたが、朝鮮政府による人蔘政策の形成過程については分析が十分に行なわれていない。本章では、中国への人蔘輸出が盛んに行われた一七世紀初頭において、朝鮮政府による人蔘取引への取締政策が具体的にどのように形成されたのかを解明する。

一　一六世紀末以降の中国向け人蔘輸出拡大と朝鮮における人蔘流通

1　一六世紀末における人蔘輸出の拡大

ここでは宣祖二六（一五九三）年以降、明向けの人蔘輸出が引き起こした問題を取り扱う。一六世紀後半まで、朝鮮は対馬を介して対日貿易を行っていたが、宣祖二五年の日本軍侵入後、光海君元（一六〇九）年まで対馬と朝鮮とのあいだの貿易は停止した。そのため、当該時期においては明が朝鮮にとって唯一の貿易相手であった。前述したように、この時期にはじめて中朝国境の中江で大規模な人蔘貿易がはじまった。

まず朝鮮と明との間の貿易状況について見ておきたい。一六世紀以前から、朝鮮の使節団は北京で貿易を行なうことが許可されていた。この貿易の特徴は以下の二点に要約される。第一に、朝鮮国王から明皇帝への進貢と、明皇帝から朝鮮国王への回賜という、進貢―回賜の関係があった。第二に、北京の会同館で明側の官庁による監督のもと、朝鮮の使節団員と明の商人が相対して取引を行うことが許されていた(4)。その一方で、明と朝鮮は国境を接していたにも関わらず、一五九〇年代までは国境での貿易は行われなかった。

このような明・朝鮮間の貿易において、人蔘は朝鮮から明への輸出品であったが、それは明皇帝への朝貢品として認められていたに過ぎなかった。国政要覧とでもいうべき『大明会典』の記述から、明が人蔘を朝鮮の朝貢品に定めていたことがわかるものの(5)、会同館での人蔘の貿易は確認することができない。

宣祖二五（一五九二）年に日本軍の朝鮮侵入が始まると、朝鮮政府は明との貿易拡大を通じて必要な物資を確保しようとした。宣祖二六年に朝鮮が明に要請したことで、鴨緑江の中洲である中江での開市がはじまった。第一章でみたように、開市は光海君五（一六一三）年まで続いた。開市場では、朝鮮商人が銀、人蔘、毛皮を明側に輸出した(6)。中江開市により、明と朝鮮が国境を接する中江で、双方の商人が恒常的に取引を行うようになったのである。朝鮮から明へ、開市貿易を通じて人蔘が輸出されたことになる。

2　一七世紀初頭における朝鮮政府の人蔘調達と人蔘産地

①　明に献上された人蔘

前述のように朝鮮が明に輸出する人蔘にはもともと、朝鮮国王が明皇帝に献上するものがあった。まず、その数量と名目について見ておこう。宣祖三四（一六〇一）年、金睟(7)は、朝鮮国王が明に献上した人蔘の数量を次のように報告した。

金睟が申し上げた。「平常時に貢物として地方から上がってくる人蔘の総額は年間一九〇〇斤余です。ところが甲午年(8)にそれが半減した後には、わずか五〇〇斤余まで減少しました。しかもそのうちには明への進献に相応しないものも含まれています。したがって明に献上するものは二〇〇斤に過ぎません。品質がよいものでも、年月を経ると、品質が劣化して用いるに堪えません(9)。

このように、朝鮮側の供給能力は年二〇〇斤であった。時期は不明であるが、政府が調達できる貢納人蔘の量が一九〇〇斤から五〇〇斤へ減少していったこともわかる。この減少の原因は触れられていないが、人蔘が天然産品であったことを考えると、供給量全体が減少していたということも想定しうる。

〈表1〉17世紀初頭に朝鮮使節が明皇室に献上した人蔘の数量

	使節名目	贈答先	数量
定期使節	聖節	皇帝	50斤
	千秋	皇太子	40斤
	冬至	皇太子 皇帝	40斤 40斤
			合計170斤
臨時使節	奏請	皇太子 皇帝	30斤 50斤
	謝恩	皇太子 皇帝	20斤 70斤
			合計170斤

『攷事撮要』（万暦癸丑版）上、進貢方物数目条より作成。

次に、明へ人蔘が献上された名目を使節の派遣名目から見てみる。ここでは光海君五（万暦癸丑、一六一三）年に刊行されたと考えられる『攷事撮要』に基づいて分析する。[10]『攷事撮要』は一六世紀中葉に魚叔権によって編纂された類書である。『攷事撮要』は、内容の異なる複数の版本が存在することが知られているが[11]、そのなかで、日本軍による朝鮮侵入後、最初に刊行された版本が万暦癸丑版である。

この万暦癸丑版『攷事撮要』には朝鮮から明への献上品を列挙した「進貢方物数目」条がある。「進貢方物数目」条は、その直前の版にあたる万暦乙酉版（宣祖一八（一五八五）年）には見えないことから[12]、光海君五（一六一三）年ごろの進貢品の状況を反映したものとみてよい。そこで「進貢方物数目」条に見える、朝鮮から明への献上人蔘を集計・整理したのが〈表1〉である。〈表1〉では皇帝の誕生日である聖節、皇太子の誕生日である千秋、および冬至の際に派遣される使節を定期使節とし、随時派遣されていた奏請使、謝恩使を臨時使節とした。この表に見られるように、定期使節が必要な人蔘だけでも年一七〇斤にのぼっていたことがわかる。奏請使および謝恩使が明に派遣されるたびに八〇～九〇斤の人蔘が必要であったことから、年二〇〇斤しか適当な人蔘が調達できない、という金睟の発言は、朝鮮政府の窮状を的確に表現しているといえよう。

ところが、一七世紀初頭には、朝鮮から明への人蔘輸出が拡大した一方で、政府による朝鮮国内での人蔘調達が困難になった。その状況は次の史料にみえる国王宣祖（「上曰」以下）の発言に端的に現れている。

金睟が申し上げた。「明への進献物のうち、最も〔調達〕難に瀕しているのは、人蔘と豹皮です」。国王は言った。

「〔戸曹〕判書の発言は誤っている。市井の愚かな輩で、中国の市で人蔘を取引している者の数は、数え切れないほど多く、進献を行なわないことになれば、中国の人は朝鮮が人蔘を多く産出するのになぜ、進献だけは行なわないのか、と疑うだろう。懸念が甚だしい(13)」。

朝鮮が、明皇帝に献上する人蔘の調達に困難をきたす一方で、朝鮮の民間人の中には明に人蔘を輸出している者が多かったということがわかる。

朝鮮から明に対して人蔘輸出が盛大に行われた背景には、明において一六世紀末に人蔘の需要が高まっていたことがある。当時の明における人蔘の需要について、明の官僚、謝肇淛は著書の『五雑組』〔一六一三年ごろ成立〕の中で、有力者や富裕層の間で生活習慣の乱れに起因して、人蔘に対する需要が生じていたと述べている(14)。そこで必要になる人蔘をこの時期、明国内に供給していたのが遼東地方であった。明の医師、李時珍は『本草綱目』〔一五九四年ごろ成立〕の中で、人蔘の供給地について次のように述べている。

〔かつて人蔘の産地として最上とされた〕上党とは今の潞州〔山西省潞州〕であるが、民は人蔘を地力の害とみなして、もはや採取することがない。今用いられているのはみな遼東の人蔘である。そして高麗・百済・新羅の三国は今みな朝鮮に属し、その人蔘が中国にもたらされて交易されている(15)。

山西省潞州の人蔘が採取されなくなったために、遼東の人蔘が用いられるようになった。その中で朝鮮産の人蔘も中国に輸入されていた。

また、一六世紀末から一七世紀初頭にかけてこの人蔘貿易を明側で支えた人物もいた。遼東税監を務めていた高淮である。高淮は明宮廷の宦官であったが、店税〔流通税〕・礦税〔鉱山開発〕のために万暦二七〔一五九九〕年から遼東に派遣されていた(16)。高淮は朝鮮からの人蔘調達に熱心であった。朝鮮からの人蔘輸入が滞った際に高淮が朝鮮を叱責することもあった[17]。それほど高淮は朝鮮の人蔘に注目していた。

② 人蔘の調達と産地の分布

次に朝鮮政府による人蔘の調達経路、産出地域について考察する。宣祖三六（一六〇三）年の段階では、明への進献用の人蔘は、朝鮮政府に指定された邑がそれぞれ三斤ずつを戸曹に納めることになっていた。

参賛官鄭穀が進んで申し上げた。「戸曹に在職した当時、進献物を見ると、その量は平時の倍になっており、進献用の馬や嶺南の織物などは調達が困難です。そして人蔘の貢納も事情が厳しく、戸曹は一郡あたり三斤ずつを納めさせていました。三斤が少量とはいえ、民が一つ一つ採集するものであり〔邑に〕納めることができません。そこで〔戸曹は〕やむを得ず貢納請負人〔防納之蔘〕の人蔘を用いていました[18]。

後述するように、『攷事撮要』の記述から把握される人蔘産地の数は一〇七邑であるから、それらの邑に三斤ずつ納めさせていたと考えられる。

この鄭穀の発言から、戸曹が進献用人蔘の調達を行い、戸曹は邑に対して人蔘を賦課し、さらに邑が民に納めさせていたことがわかる。また、戸曹と邑の間における人蔘流通のあり方は以下のようであった。

戸曹が啓して言った。「謝恩使の出発まで二〇日となり、人蔘以外の方物〔献上品〕は全て準備が整ったものの、人蔘だけが必要額九〇斤のうち二五斤が納入されていない〔未捧〕状態です。両界〔咸鏡道と平安道〕から人蔘を納入する官吏〔差使員〕が漢城に入って久しく、戸曹は連日納めるように督促している状態です。ところが、各邑から派遣された官吏〔貢吏〕は布を持参してきています。市に行くと、進献に適した人蔘が極めてまれです[19]」。

この報告から判明することは、進献用人蔘は邑の貢吏が直接漢城の戸曹に納入していたことと、漢城に持参する人蔘が不足する場合、人蔘納入を管掌する官吏が漢城に布を持参していたことである。

以上のことから、朝鮮の産地から明への進献人蔘の流通経路は、産地の民→邑→貢吏→漢城の戸曹→使節→明となっていたことがわかる。さらに、諸邑における人蔘調達が困難であったことから、戸曹が商人から人蔘を購入しなければならない場合があったことが注目される。

次に人蔘の産出地域について検討を加える。この点について前述の万暦癸丑版『攷事撮要』に基づいて考えてみたい。

万暦癸丑版には朝鮮八道の各邑について、漢城からの所要日数、邑の別称、特産品（土産）品について詳細に記述した、八道程途条という条文がある。八道程途条の土産品に注目することで、朝鮮における人蔘産地を知ることができる。なお、万暦癸丑版の直前の版は前述の通り、万暦乙酉版（宣祖一八（一五八五）年）である。万暦乙酉版には八道程途条が項目として存在するが、その細目には土産品の記述が含まれていない[20]。したがって、万暦癸丑版の八道程途条は宣祖一八（一五八五）年から光海君五（一六一三）年の間の朝鮮半島の状況を反映したものであるといえる。

万暦癸丑版の八道程途、土産条に含まれる人蔘産地の邑を集計すると、〈表2〉のようになる。

この〈表2〉から、道別に人蔘を産出する邑の数を多い順に見れば、江原道二六邑、咸鏡道二〇邑、平安道一九邑、慶尚道一七邑となっており、朝鮮半島の東部と北部に人蔘産地が集中していたことがわかる。咸鏡道と平安道のように朝鮮と明との国境地帯でも人蔘を産出していた。

一六世紀末の段階で、平安道、咸鏡道、江原道の人蔘が明への進献用として用いられていたことは、前に引用した戸曹の報告の続きから判明する。

冬至使の場合、〔明への献上品として〕封印すべき数は多く、その人蔘は一〇〇斤であるが、一両も入手できてい[21]

〈表2〉万暦癸丑（1613年）版『攷事撮要』にみる人蔘産地の分布

	邑総数	人蔘産出邑
京畿	38	1
忠清道	54	12
黄海道	24	7
江原道	26	26
全羅道	57	5
慶尚道	67	17
平安道	42	19
咸鏡道	22	20
合計	330	107

『攷事撮要』（万暦癸丑版）上、進貢方物数目条より作成。

ない状況です。派遣の時期が逼迫しているため、必ずや大事になります。そこで臣らが煩悶して考えたところ、初期は各道に人蔘貢納が賦課〔分定〕されていたものの、納められた人蔘と納められていない人蔘を詳らかにしたところ、平安道の未納額が最多でした。江原道と咸鏡道の人蔘も未納分が多かったです[22]。

平安道に割り振られた人蔘の数量に対して、実際に平安道の各邑から戸曹に納入される人蔘の不足が著しかったことがわかる。このことから、平安道の各邑が貢納用の人蔘の確保に最も苦しい状況であったことになる[23]。政府による人蔘確保が困難を極めていたという状況は、逆に平安道をはじめとする人蔘の産地において、民間の人蔘取引が活発化していたということを推定させる。

以上、一六世紀末における明と朝鮮における貿易の展開と、朝鮮国内での人蔘の流通について概観した。一五九〇年代以前は朝鮮から明皇帝に対して人蔘が献上されていた一方で、民間では人蔘が輸出された形跡は見られなかった。ところが、宣祖二六（一五九三）年以降、中江で人蔘が取引されるようになったため、朝鮮政府にとって明へ朝貢する人蔘の調達は困難になった。また、人蔘の産地としては江原道、咸鏡道、平安道、慶尚道に人蔘を産出する邑があったが、そのうち明への進献用の人蔘を調達する産地として重要視されたのは平安道、咸鏡道、江原道であった。その中で平安道の各邑が、明への進献用人蔘を調達することに最も苦しんでいた。

二　人蔘調達難の要因と朝鮮政府の取締策

1　人蔘調達難の要因

明向け人蔘の輸出拡大は朝鮮国内の人蔘産地に深刻な影響をもたらした。本節では前節で述べた政府の人蔘調達における具体的な窮状とその背景、および政府の対処策を分析する。人蔘調達を阻害した要因として『宣祖実録』から確認できるものは、訓錬都監による人蔘買い入れと、商人の人蔘産地における買い占め行為である。[24]

①　訓錬都監による人蔘取引の横行

まず、政府の人蔘調達を妨害していた、人蔘の買占め行為の主体として訓錬都監について考察する。次に挙げる史料は、傭兵を養成する役割を担っていた訓錬都監が、非公式な人蔘取引を行っていたことを示すものである。

中㥚[25]が啓を書いて言った。「最近またある種の京差（中央からの派遣）があり、権勢家の下人を自称し、公文を持参しています。すなわち訓錬都監による人蔘購入の公文です。一疋の木綿を給し十倍の価（にあたる人蔘）を奪っています。民はそれに対処する手段がなく怨嗟の声をあげています。守令はこれをどうすることもできず、誠に極めて愕然としたことです」。[26]

このような報告を中㥚があえて行っていることから、当時、訓錬都監の公文を持って人蔘購入を行うことに対して、朝廷は認可していなかったと推測される。

訓錬都監は、日本軍の朝鮮侵入後、宣祖二六（一五九三）年七月に火砲砲手の訓錬を行ったことを契機とし、同年一〇月に設置された臨時の軍事機関である。その職掌は漢城防衛のほか王の侍衛および地方軍の訓錬であった。[27]財政基盤については法的規定がなく、戸曹と軍餉庁から財源が支給されたが、それだけでは不足し、臨時に設置された屯田からの収入が重要であった。しかし日本が朝鮮から撤退すると、屯田地へ住民が帰還したため屯田からの収入が得難くなっていた[28]。臨時に設置されたというその性格ゆえ訓錬都監は自主財源の開拓が必要であり、人蔘取引に関与する動機は十分にあったと考えられる。

訓錬都監が関与する人蔘取引の弊害を訴えた申懔の報告に対し、国王宣祖は次のように返答した。〔国王が〕伝して言った。「（前略）訓錬都監が人蔘を購入することは、〔訓錬都監の本来の任務である〕兵士養成とは異なったものである。なぜ公文を発行し、下人を派遣し、民の怒りを買うようなことをするのか、訓錬都監に問いただせ[29]」。

つまり、訓錬都監が関与する人蔘購入は国家の立場からは認められないものであり、否定的な評価の対象であった。その結果、訓錬都監は処分を受けることとなった。同年一〇月戊申に宣祖は承政院に次のような命令を下した。

〔国王が〕承政院に伝して言うには、「都監〔すなわち訓錬都監〕が、およそ物事を処理する際に、常に弊害を生じていてはよろしくない。担当の郎庁を取り調べ、平安道へ送られた下人は、すべて拘束して処罰せよ」ということであった[30]。

以上のように、訓錬都監は平安道の人蔘産地における人蔘調達に携わっていたことが明らかになった。平安道において訓錬都監は不公正な対価による取引を行って人蔘を得るという問題を起こしていた。

② 商人による人蔘買占め行為

咸鏡道観察使徐渻[31]は、平安道と咸鏡道で商人による人蔘買い占めが横行したことについて、次のように述べている。

咸鏡道観察使徐渻の啓目による。「今、貢納の人蔘は西北〔西＝平安道、北＝咸鏡道〕人民の第一の苦しみです。

①さきごろ明軍〔天兵〕が朝鮮に溢れたために、商人が人蔘を取引して巨利を貪っており、商人は人蔘の採取開始月に、民間の必需品でもって、人蔘を全て買い占めています。そのために官に納められる人蔘はそうした商取引の余り物です。また、人蔘採取の季節が過ぎたのちに定数外の人蔘が賦課されるため、春夏の間には、民戸には一本の人蔘さえ存在しません。②その結果官はやむを得ず貢納請負人〔防納刁蹬之輩〕から購入するので、その価格は漸次高騰しました(32)」。

ここでわかるのは、まず傍線部①にあるように、商人の買い占め行為によって産地には貢納用の人蔘が残らなくなっていたことである。そして傍線部②にあるように、人蔘を邑経由で調達できなくなった戸曹は、貢納請負人から高価な人蔘を調達せざるをえなかった。

また、平安道理山では人蔘を納付する負担のために住民が流出し、この邑が国防上の拠点であったことから、それが問題になるという事態も起きていた。

司憲府が啓して言った。「〔平安道〕理山の一郡は、西辺境の防衛拠点であり、夷狄の侵入を防ぐべく、虞候(33)が常時駐屯しています。その侵入路で要地であることは、そのことによって分かります。近年、人蔘貢物・奴婢身貢のために理山の住民は尽く逃亡してしまい、すでに邑内は無人の状態を呈すようになっています(34)」。

このように平安道理山では、「人蔘貢物」が問題となっていた。この時期は女真が朝鮮側に対する挑発行動を再び激しくしており(35)、国境からの住民逃亡は避けなければならない事態であった。

民間における弊害にも関わらず、朝鮮政府が地方からの人蔘貢納を中止せず、継続させたのは、人蔘が集まらないことの方が深刻な問題であったためと考えられる。宣祖三六（一六〇三）年三月には謝恩使の派遣に際し、必要な進献人蔘が九〇斤であるのに対し、出発直前に集計したところ、二五斤が調達できず、そのために平安道、咸鏡道、江原道の観察使が取り調べを受ける事態となった[36]。また、宣祖三七（一六〇四）年九月にも進献人蔘を納入できなかったことから、平安道の寧辺や江界などの守令を取り調べるよう司憲府が要請していた[37]。

③ 密貿易の要因

朝鮮政府が認可しない人蔘買占め行為の背景には、明・朝鮮間における人蔘密貿易に対し、政府が水際で有効な対策を取れなかったことも想定される。

明と朝鮮の国境の要衝であった義州府からの報告は人蔘貿易について次の通り述べている。

義州府尹具義剛の状啓。「関市における把蔘[38]はすべて禁止するとの事が命令されたため、行商の輩は、敢えては市に行かず、鴨緑江の上流に潜行し、密輸を行い、その巣窟となっている状況は、日に日に深刻化しています。義州府には防止するすべがなく、極めて遺憾です。〔明側の〕関上委官経歴の李棟が本府に移文して言うには、『潜商の輩が、上流の咧咧・泊雲里等の地に、人蔘を積んで公然と密輸しており、馬市では一本も人蔘が見られない』、とのことでした[39]」。

この当時、朝鮮の国境管理が弛緩していたことが、人蔘密貿易を許す原因になっていたと考えられる。朝鮮初期から明と朝鮮の境界は厳格に定められていたが、日本軍の侵入後、明の援軍が朝鮮に入ってきたことから、国境の混乱が続いていた。朝鮮が国境を管理できていない状況については次の史料がある。

〔国王が〕備忘記〔で命令した〕。「中国と朝鮮は、国境が明瞭である。最近多くの中国人が、公文なく直に鴨緑江を渡り、往来を自由に行っており、辺境の官吏は禁止することができない。〔そのことは〕国の体面を大いに損なうだけでなく、後日このことを契機として災いが生じるであろうから、遼東都指揮使司に咨を送り、すべての来訪者は必ず都司〔都指揮使司〕の咨文を受け、その後に我が国に来訪するようにし、ほぼ咨文の有無に依拠して接待させるべきである。承文院に議論させ報告させよ」[40]。

この史料から、国境において、少なくとも明側から朝鮮に入境する者に関しては朝鮮政府が管理能力を一部失っていた、ということがわかる。

以上、人蔘貿易の拡大がもたらした弊害のメカニズムについて考察した。人蔘買い占めには、訓錬都監が公文を発行して朝廷に秘密で人蔘を購入させる例があったなど、官庁の関与も窺えた。商人による産地での輸出用人蔘の買占めは、産地の各邑から戸曹が調達していた進献用人蔘の不足を招いた。こうした活動は、当時盛んに行われていた密貿易を背景とするものと考えられる。

2　人蔘商人の取締策の内容

前述したように、宣祖三六（一六〇四）年二月に、当時、咸鏡道観察使であった徐渻は咸鏡道における人蔘の弊害について上奏し、商人が人蔘を買い占めてしまうために産地の各邑では、貢納用の人蔘を産地内で調達できなくなっている、と述べた。このような商人の行為に対して、徐渻は、人蔘商人の活動を政府が管理することを主張し、次のように対策を述べている。

①人蔘商人の類は、全面的に禁止できないとはいえ、②商人は必ず戸曹と開城府に通行許可証〔路引〕の発行を受けるようにさせ、監営〔道の観察使の執務所〕に通告してからはじめて通行できるようにさせるべきです[41]。その通行許可証がない者は、関所と渡し場の通行を許さず、③隠蔽した者は、〔大明律の〕制書有違律で処罰し、罪人を捕えたり申告したりしたものは、その物貨の半分を与える。④そして戸曹が先に貢納の人蔘をとり、その後は

じめて商人の取引を許せば、公私が共に利益を得ます。そうすることで難治の弊害は漸く取り除けるでしょう。[42]
傍線部①は具体的な解決策の前提である。徐渻は、人蔘商人の活発な活動による害があるといっても、人蔘商人による取引を全面的に禁止できないと判断していたと考えられる。明への人蔘輸出は朝鮮の国家財政に裨益する面があり[43]、前述したように、遼東税監高淮は朝鮮に人蔘を輸出するよう圧力をかけていた。そのような状況の中で、朝鮮が人蔘輸出を禁止することは経済上かつ外交上、問題があったと推察される。徐渻は、人蔘商人の活動を禁止するのではなく、政府の完全な管理下におくことが望ましいと認識していると考えられる。

具体的な解決策には二点、重要な点があった。第一は、人蔘商人が戸曹と開城府の通行許可証（路引）の発行を受けることを義務付け、戸曹および開城府が認めない商人が人蔘産地に侵入することを禁止することである（傍線部②）。第二は、付属規定であり、罰則と褒賞の規定を設けたこと（傍線部③）である。

この施策は、貢納人蔘を確保することが主目的であった（傍線部④）。産地にある人蔘のうち、官が優先的に貢納人蔘を調達し、その後にはじめて商人の取引を許す、という方針が示されている。人蔘貿易を廃止する訳にはいかないが、官が貢納で調達する人蔘が優先される、というものである。

傍線部②にあるように、戸曹と開城府からの通行許可証受給を、人蔘商人に義務付けたことは画期的であった。というのも前述したように、同年一〇月には訓錬都監が下人に独自の公文を発行して人蔘産地に派遣し、人蔘取引を行わせた事件が露顕していた。朝廷ないし戸曹が関知しないところで、政府機関がこのような問題を起こしたことは、指令系統上の問題があったからであろう。この二機関の下に商人を一元的に管理することで、他の政府機関による非公式の人蔘取引にも掣肘を加えることを意図したと考えられる。戸曹と開城府が許可証の発行主体となった要因としては、人蔘を取り扱う商人が漢城と、開城に拠点を置いていたことが考えられる。前述のように産地から人蔘を調達しきれなかった戸曹は漢城で貢納請負人から購入していた。また開城では朝鮮時代、民の多くが富商の出資を仰いで商品を借り、行商を営んでいた[44]。一五九〇年代においても開城の商人が地方に入り込んで商行為を行うことが政府に問題視されるほど[45]、活発な活動を開城商人は行っていた。

次に、朝鮮政府はこの施策がどのように運用されることを意図していたか、また実際にどのように運用されていたのかを見てみたい。翌宣祖三九（一六〇六）年六月に次のような戸曹の報告が行われた。

戸曹の啓目によると、「①人蔘商人等に、本曹〔戸曹〕が通行許可証〔路引〕を発行するのは、一つには進献品の用に収税するためであり、もう一つには密採の経路を禁ずるためです。通行許可証なく往来して採集・購買することは全面的に禁止し、露顕した物件は官が没収し、重い方の罪で処罰します。当初国王が裁下した事目は、このように大変厳しいものでした。②ところが最近人蔘産地の各道各邑の官らは、朝廷の立法意図を理解しません。多くの人蔘商人は、通行証がなくても全て密採を許されています。或いは地方官が人蔘商人から収税し、罪を犯しても一人として逮捕されません。このことで今年通行証発行を願い出た者はいませんでした」、という[46]。

傍線部①から、人蔘商人の取締策は、戸曹が人蔘商人に通行許可証を発行することで、人蔘商人の勝手な人蔘採取を防止することに主眼がおかれていたことがわかる。ところが、傍線部②にあるように、実際には地方官は通行許可証がなくても人蔘商人に私採を許してしまっていた。逆に見れば、通行許可証をもった人蔘商人は産地への道中で地方官の検査を受けることが義務化されていたともいえる。この認識に基づいて、戸曹は次のような対策を提案した。

「把蔘〔干人蔘〕は全て禁止し、禁を犯した者は極刑で処罰することについても、また王命がくだされています。把蔘製造者と通行証不所持の人蔘商人らは、一人一人摘発し、厳しく逮捕収容し、所持している物貨は官が没収して国王に報告することとし、断罪の事は以前の事目を参照して、とくに明確に行うよう、八道観察使と開城留守府のところに指示するのはいかがでしょうか」。「啓は許可する」[47]。

戸曹は把蔘の輸出禁止とならんで、通行証を持たない人蔘商人を摘発して逮捕することを提案した。すなわち、戸曹による取締りの強化が唱えられたのであった。

このように人蔘商人の往来を厳しく取締まろうとする政府の姿勢はその後も継承された。備辺司は平安道における人蔘の貢納量を削減する策を提起した上で、人蔘商人の取締りについて、次のように述べている。

備辺司の啓目による。「(中略)貢納人蔘は、現在ではもはや蔘商のみに依存しているわけではないですが、蔘商は、漢城だけでなく、本道〔平安道〕の平壌・寧辺・義州等の地に最も多いです。①彼らを厳しく取締り、名前を帳簿に記録し、担当の官庁〔戸曹〕に送るべきです。②禁令が出されたのは、一度二度でなかったが、守令がある時には情に引かれ、ある時には賄賂に囚われて、厳しく禁ずることができませんでした。このようになったことは、極めて心が痛いです。今後は、各邑に命令して、この輩〔人蔘商人〕が入ることを厳禁すれば、人蔘商人の政府と取引する者は、必ず多くなり、本道の永久の利となるでしょう」[48]。

傍線部①では人蔘商人の取締策が言及されている。これは前から見てきたように、人蔘商人の名前を戸曹の帳簿に記録し、その結果を官庁間で照会するというものである。人蔘商人を登録する制度を利用すべきだ、ということである。傍線部②では、人蔘商人の登録制が機能しない原因を、守令が賄賂などのために人蔘商人を取り締まれなかったことにあると捉えている。

人蔘の国際貿易の活発化によって、人蔘商人が中朝国境地帯に位置する産地に入って人蔘を調達するようになった。その結果、従来これらの地域から明への進献人蔘を貢納によって調達していた政府にとって、調達できる貢納人蔘の減少を招いた。負担増による住民の逃亡は国防上避けるべきであった。しかし人蔘貿易を廃止したり、明に進献する人蔘を削減したりすることは不可能であった。そこで人蔘産地に侵入する商人を、政府は直接管理下におくことにした。具体的には宣祖三七（一六〇四）年二月に、人蔘商人に対して戸曹と開城府からの通行許可証給付が義務付けられた。つまり、戸曹と開城府が人蔘商人を一元的に管理し、産地への道中にある邑で地方官が点検を行うことになったのである。

ただし、実態はというと地方官の怠慢などにより、この施策は効果があがらなかった。数度にわたって同様の禁令が下された。

三　人蔘取引取締策の通時的意義

1　一六世紀以前の法制度における人蔘取締策

前節で見たように宣祖三七（一六〇四）年の王命では、人蔘商人は通行許可証（路引）の所持が義務付けられ、路引の発行は戸曹と開城府に限定された。本章では一六世紀以前と一七世紀以降の法制度には、いかなる人蔘取締策が存在したのかを確認した上で、宣祖三七年の王命が朝鮮政府の人蔘政策においてどのような意義を持つのかを検討する。

朝鮮で刊行された『大明律（直解）』（朝鮮太祖五（一三九六）年）によると、明律には商業に関して次の規定がある。

すべての城市・郷村の市で、各種の牙行および水路・津・船の頭目には、家産のある者から選び、任命すべきであるが、官が公印と帳簿を発給したならば、他所から来訪し商売を行なう者の、出身地・姓名・通行許可証・商号・数量・品目を帳簿に記録し、毎月官に報告すべきである。(49)

牙行には、商人の活動の内容を官に報告する義務があったことがわかる。扱う商品の内容についてはとくに限定されていない。一方、『経国大典』（成宗一六（一四八五）年完成）は商業に関して次のように規定している。

行商、給路引收税。[50]

行商は通行許可証（路引）の受給対象になっていたが、路引の発行主体や取扱商品はとくに規定されていない。朝鮮初期の行商の動向を調査した田川孝三によれば、政府による行商の管理が行われたのは一四〇七年以降であり、太宗七（一四〇七）年一〇月に東北面（咸鏡道）・西北面（平安道）に往来する行商に対してはじめて通行許可証が発行され、太宗一〇（一四一〇）年一一月より各道の行商に発行が行われるようになった。[51]

以上の比較から、宣祖三七年の王命はそれ以前の商人に対する法典上の規制と比較すると、①人蔘に対象商品が限定され、②商人への通行証の発行主体が戸曹と開城府に限定されたものであったことがわかった。

2　一七世紀以後の法制度との関連

次に、宣祖三七年の王命を一七世紀末以降の規定と比較してみよう〈表3〉。

まず『受教輯録』（粛宗二四（一六九八）年）から検討する。

蔘商で登録簿から脱漏した者、登録簿登録後に密行した者、公文なく私的に売買して私的に防納した者は、物件はすべて官が没収し一家を辺地に徙刑とする。[52]

この規定は、人蔘商人の登録簿に漏れた者、登録の後に密輸した者、公文なく密かに売買したり貢納代行をしたりした者については、取扱品は全て官に没収し全家族辺境に流配する、というものである。人蔘商人は戸曹から公文を受給し、帳簿に登録される義務があったことを示す。粛宗三三（一七〇七）年六月の王命には人蔘商人の取締規定が次のようにあらわれる。

〈表3〉17、18世紀の諸法令における人蔘商人取締規定の比較

規定	施行年	公文発行主体	対象地域
宣祖27年2月の王命	1604年	戸曹、開城府	人蔘産地
『受教輯録』	1698年	戸曹	不明
粛宗33年6月の王命	1707年	江界府	江界府
『続大典』	1746年	戸曹、開城府	江界府

商人の江界〔平安道江界府〕に入域する者は、本府〔江界府〕に点検させ、帳簿に記録し、備辺司に報告され、本府〔江界府〕も帖文〔公文〕を発行され、帖文なく密かに通行する者は、熙川・碧潼・安州等の経路で、それぞれ逮捕し、潜商律によって処分すること(53)。

江界に入域する者は、帖文の所持義務があること、江界府の確認を受ける必要があったことがわかる。

また、『続大典』（英祖二二（一七四六）年）にも人蔘商人に関して次のように規定されている。

人蔘商人が江界に下るときは、本曹〔戸曹〕が黄貼を発給し、収税すること。〔一張ごとに銭三両を収税する。開城から黄貼〔許可証〕を依頼される場合、収税も同じ額とする。許可状なく入る者は、潜商律で罪を決め、もとの荷と馬は公に没収する(54)〕。

ここでは、戸曹（または開城府）が江界府に入る人蔘商人に黄貼（許可証）を発行することが定められている。

以上のように、宣祖三七（一六〇四）年の王命と、それ以後に出された法令集所載の人蔘商人への規定には次のような共通点が見出せる。第一に、対象商品が人蔘に限定され、第二に、商人への通行証の発行主体が戸曹と開城府だけになる（粛宗三三（一七〇七）年の王命では江界府）。一方で、相違点もある。第一に、粛宗三三年の王命では公文が必要な地域平安道江界府に限定され、第二に、発行されるものが「路引」ではなく、「公文」や「貼文」となっている、ということである(55)。

宣祖三七年の王命と一七世紀末以降の規定を比較すると、人蔘商人だけを、戸曹と開城府が管轄するという流れは変わらなかったことがわかる。

3　一七世紀末以降における人蔘貿易とその規制

一六世紀以前は商業全般への規制策のもとで、人蔘規制が行われていたと考えられる。しかし一七世紀後半以降は、宣祖三七年の王命と同様に、人蔘に限定された統制策が行われた。以下では、宣祖三七年以降の人蔘貿易の推移のなかで、統制策の基礎が承継された背景について見てみたい。

人蔘の貿易は一六〇四年以降も継続したが、仁祖一六（一六三八）年に人蔘の私貿易が釜山で許可されると[56]、日本への人蔘輸出が飛躍的に拡大した。田代和生によれば、一八世紀の初頭までに年平均で一〇〇〇斤もの人蔘が朝鮮から日本に輸出されるようになった[57]。人蔘貿易は私貿易の形で行われた。私貿易とは商人が自由に行った貿易ではなく、公貿易とならんで行われた。このほかに密輸があった。このような貿易のあり方は一七世紀前半の中江開市での人蔘取引も私貿易の形式をとっていたことと類似すると考えられる。以下では朝鮮政府は私貿易をどのように管理していたのか、私貿易の展開と人蔘取締がどのような関係にあったのか、を考えてみたい。

私貿易の管理方法については、対馬藩の学者、松浦霞沼が著書の『朝鮮通交大紀』の中で次のように説明している[58]。

開市これを私貿易といふものハ、商賈の輩その私銀をもつて燕京に至り、糸絹を買ひ来たり、或は土産人蔘の類ひ、日本の銀貨鉄物の換へ、其の利私家に帰す、市正ハ但その商税を征するのミ、ゆへをもつてこれを私貿易といふ。

つまり、私貿易においては朝鮮政府が商税を徴税する下で貿易が行われていたのである。朝鮮側で貿易を管理する東萊府は、輸出される人蔘の重量の十分の一を輸出関税の形で商人から徴収しており、そこで調達された人蔘は対馬への儀礼上の下賜品として用いられていた[59]。私貿易が行われる場から、東萊府は外交上必要な人蔘を調達していたのであり、私貿易が行われないと外交用の人蔘も調達できなかった。

この状況は一七世紀初頭の進献人蔘の調達と、開市向け人蔘輸出を両立させなければならなかった状況に類似する。政府が人蔘輸出に一定の役割を認めていたことを意味する。

そのような中で、産地において人蔘採取は大きな経済的意味をもった。

粛宗一二（一六八六）年、中国との国境地帯で最大の人蔘産地であった平安道江界府では商人による人蔘調達が大きな問題を引き起こしていた。まず、江界府においては人蔘以外にこれといった産物がなかった。副校理閔鎮周は粛宗一二年に次のように江界府の人蔘について述べた。

副校理閔鎮周が啓した。「江界は人蔘を商品としており、官の税については、住民は人蔘を産する外に他の財物はございません（後略）[60]」。

このように閔鎮周は江界府では人蔘が唯一の財物であるとした。閔鎮周は次のように続ける。

また啓した。「蔘商はあらかじめ代価を給して人蔘を購入することとし、人蔘は江辺の人民より納期を決めて収めることが、慣例でした。ところが近頃朝廷が南北の人蔘〔取引〕を厳禁したために[61]、商人はその利益を失うことを考えて、前渡しの代価を回収しようとしました。民は既にそれを使ってしまっていて残余がなく、代価とすべきものがないので、〔商人は〕住民の生活主段〔釜鼎牛馬〕を尽く奪い、民は生活することができません[62]。極めて驚くべきことです」。

傍線部にあるように、蔘商は代金前渡しで人蔘を調達していた。従って住民からすれば人蔘の納入は蔘商への債務となっていたと考えられる。

その結果、人蔘採集に際しての産地住民の保護が重要になったと考えられる。ただ、商人による人蔘取引を全面的に禁止すれば、十分の一税の形による人蔘の調達も不可能になる。その結果粛宗二四（一六九八）年の『受教輯録』には宣祖三七（一六〇四）年の王命と類似する規定が収録され、粛宗三三（一七〇七）年には江界府に限定した出入り統制の王命が出されたのだと考えられる。

一七世紀初頭には明への進献用人蔘の確保を図る必要と、開市を通じた輸出継続の必要から人蔘商人の活動制限が必要になったのに対し、一七世紀末には、貿易量の増大と負債の問題から人蔘産地の保護が必要になっていた。人蔘貿易を完全に廃止することはできない。その一方で、産地も保護しなくてはならない。すると政府が直接人蔘の流通を制御する必要が出てくる。そこで、一七世紀初頭に成立した人蔘商人への規制策が発展して一八世紀の人蔘政策にも取り入れられたと考えられる。

おわりに

本章では、一六世紀末から一七世紀初における人蔘流通過程、および人蔘流通に対する朝鮮政府の施策の背景と意義について論じた。従来の研究では人蔘商人に対する通行許可証の義務化が政府の管理政策を示すものであることまでは把握されていたが、なぜそれが人蔘だけに限定されていたのか、いつから人蔘に対して行なわれるようになったのかについては明らかにされていなかった。

そこで、人蔘の国際貿易が本格化する一六世紀末から一七世紀初頭にかけた時期に注目した。この時期、朝鮮政府は明に対する使節派遣のたびに人蔘献上を行なっていた。朝鮮では平安道、咸鏡道、江原道が人蔘の主力産地であり、人蔘の国内での調達管理を戸曹が管掌していたが、朝貢用の人蔘を規定数だけでも準備することが厳しい状況となっていた。戸曹は邑に対して人蔘納入を賦課していたものの、邑が実際には納入できないことがあったためである。このような人蔘の調達難は、宣祖二六（一五九三）年にはじまった中江開市などによる明向け人蔘輸出の盛行と関連があった。戸曹が確保する以前に、人蔘商人が人蔘を輸出してしまったためである。訓錬都監のような官庁が人蔘取引を行なうことも実際に見られ、密貿易も盛んに行われていた。つまり、戸曹が国内の人蔘取引を十分に掌握できない状況だったのである。

それゆえ戸曹は宣祖三七（一六〇四）年に、人蔘商人に対し、戸曹と開城府が発行する通行許可証の所持を義務付け、人蔘取引を統制下に置くことにした。これは朝貢用の人蔘を戸曹がまず確保し、その次に民間での人蔘取引を許可するというものであった。朝貢用の人蔘の確保と、中国向けの人蔘私貿易の継続を図るための施策であったといえる。朝鮮政府による人蔘取引の規制は一六世紀末の明との人蔘貿易拡大に対処する中で、明への朝貢品確保という外交上の要請から形成されたのであった。

宣祖三七（一六〇四）年に出された、人蔘商人の活動を容認する規定は、『大明律』、『経国大典』に見える商業活動に関する規定とは異なり、商品を人蔘に、また通行証の発行機関を戸曹と開城府だけに限定する特異なものであった。この人蔘の特例化、および戸曹と開城府による許可制は、一七世紀以降にも引き継がれ、粛宗三三（一七〇七）年の王命にも確認でき、『続大典』にも記載された。一七世紀中葉以降に対馬との間で人蔘貿易が盛んになり、朝鮮が人蔘の私貿易を許容していたことから、人蔘取引の規制規定が必要であったことが考えられるが、その中心となったのは、宣祖三七年に出された王命であった。

朝鮮政府は、朝貢品として重要な人蔘の確保と私貿易を両立するために、人蔘商人の規制を行なうことになったのであった。そこで優先されたのは従来の人蔘として第一の目的であった朝貢品の確保であった。貿易が活発化したなかで、政府としては従来通り朝貢品を確保できるよう、政策を策定したと考えられる。

注

(1) 以下の本文で述べる人蔘研究は、天然人蔘に関するものに限定する。栽培人蔘に関する研究としては趙璣濬「人蔘貿易와蔘政考」『社会科学論集 高麗大学校政経大学』四、一九七五年一二月、金鐘円「朝鮮後期 対清貿易에 대한 一考察―潜商의 貿易活動을 中心으로」『震檀学報』四三、一九七七年五月、柳承宙「朝鮮後期 対清貿易이 国内産業에 미친 영향」『亜細亜研究』第九二輯、一九九四年七月、李哲成『朝鮮後期 対清貿易関係史研究』(国学資料院、二〇〇〇年)などがある。

(2) 田代和生『近世日朝通交貿易史の研究』(創文社、一九八一年)、二八八〜二九一頁。

(3) 畑地正憲「清朝と李氏朝鮮との朝貢貿易について――特に鄭商の盛衰をめぐって」『東洋学報』六二(三・四)、一九八一年三月、九六〜九八頁。

(4) 『大明会典』(万暦)巻一〇八、礼部六六、朝貢四条。

(5) 『大明会典』(万暦)巻一〇五、礼部六三、朝貢一、朝鮮条。

(6) 『宣祖実録』巻六九、宣祖二八年一一月丙申条。

(7) 金睟(一五四七〜不明)は宣祖三四年当時戸曹判書を務めていた(『宣祖実録』巻一三一、宣祖三三年一二月甲午条)。

(8) 宣祖二七(一五九四)年と推測される。

(9) 「金睟曰。平時一年所貢、人蔘一千九百餘斤。而甲午年半減之後、僅至於五百餘斤。其中亦有不合於進獻。故所捧不過二百斤。雖品好者、歳久、則陳碎不堪用」(『宣祖実録』巻一三五、宣祖三四年三月乙卯条)。

(10) ここでいう万暦癸丑版とは、光海君五(一六一三)年に訓錬都監が印刷刊行し、現在はソウル大学校奎章閣に所蔵されるものである。万暦四一年癸丑年(光海君五年)の内賜記と跋文があり、京城帝国大学法文学部による影印本(一九四一年)がある。

(11) 金致雨『攷事撮要의 書誌的研究——特히 冊版目録을中心으로』（成均館大学校大学院図書館学科碩士学位論文、一九七二年）、一一～一七頁。

(12) 前田育徳会尊経閣文庫所蔵の万暦乙酉版を参照した。

(13) 「金睟曰。最難者、人蔘豹皮。上曰。判書之言誤矣。市井無知之輩、貿易人蔘於上國之市者、不知其幾許、而至於進獻則不爲、中原人若以爲爾國多產人蔘、何獨於進獻不爲云乎。則豈非未安之甚乎」（『宣祖実録』巻一三五、宣祖三四年三月乙卯条）。

(14) 『五雜組』巻一一、事部。

(15) 「上黨今潞州也、民以人蔘爲地方害、不復采取。今所用者、皆是遼蔘。其高麗・百濟・新羅三國、今皆屬於朝鮮矣、其蔘猶來中國互市」（『本草綱目』草部第一二巻、草之一、山草類、人蔘条）。

(16) 『明神宗実録』巻三三一、万暦二七年三月丙戌条。

(17) 『宣祖実録』巻一六〇、宣祖三六年三月甲申条。

(18) 「蔘贊官鄭穀進曰。臣在出納之地、見進獻一事、至倍平時、如大儀貢馬嶺南畫席有難支之勢。而人蔘之貢又有甚焉、戸曹於一郡卜定三斤。三斤之蔘雖小、百姓介介採取不能自納。不得已用防納之蔘」（『宣祖実録』巻一六二、宣祖三六年五月丙寅条）。

(19) 「戸曹啓曰、謝恩使之行僅隔一旬、他方物幾盡措備、但人蔘九十斤內二十五斤時未捧。兩界人蔘差使員入京已久、本曹日日催促督納、而各色貢使多《ママ》齎價布。而來市上、進獻可合之蔘極爲稀貴」（『宣祖実録』巻一六三、宣祖三六年六月癸巳条）。

(20) 万暦癸丑・万暦乙酉両版の八道程途条に共通して含まれる項目は、邑の名称、漢城からの距離、別称である。万暦乙酉版のみに含まれる項目は冊板である。

(21) 朝鮮時代の一斤は一六両であり（『経国大典』巻六、工典、度量衡条）、一斤は約〇・四四キログラムである（朴興秀「李朝尺度에 関한 研究」『大東文化研究』四、一九六七年七月、二二四頁）。

(22) 「至於冬至、當封之數多、至百餘斤、而無一兩入手。行期已迫、必生大事。臣等徒自煎悶取考、當初各道分定、而厥其納未納之數、則平安道尤甚不納。咸鏡・江原兩道亦多未納」（『宣祖実録』巻一六三、宣祖三六年六月癸巳条）。

(23) 平安道の不足分が多かった背景としては、外国向けの輸出品として平安道産人蔘が重視されていたことが考えられる。一九世紀初頭の国政要覧書である『万機要覧』によると、政府は中国および日本向けに高品質の人蔘を調達する必要があり、平安道の人蔘がとくに外国向けの高品質品として珍重され、日本に派遣される通信使が持参する人蔘は平安道のものと決まっていた（『万機要覧』財用編五、信蔘条）。

(24) こうした政府による貢納人蔘の調達難の背景としては、産地全体での採集量減少ということも想定される。この時期は天然人蔘の採集によってのみ、貢納人蔘が確保されていたため、人蔘の供給量全体が変動しなかったということは考えにくい。しかし同時代の『宣祖実録』中の人蔘関係記事を見る限り、生産量の増減は問題とされず、後述のような政府が認可しない買い占め行為が調達難の要因と認識されていた。人蔘の供給に限界があって供給が減少しているなかで、政府が優先的に人蔘を確保する必要があったのだと推察される。

(25) 申慄（一五七二～一六一三）が平安道御史として派遣された時期は実録からは確認できない。ただ、他の記事（宣祖三七年十月丁未付）には他道に派遣された御史の報告があるため、申慄も同時期に平安道に派遣されたものと考えられる。

(26) 「平安道御史申慄書啓曰。（中略）近者又有一種京差、自稱勢家下人、而持公文。乃訓錬都監貿蔘公文也。給一疋之木奪十倍之價。小民束手號怨。守令無如之何、誠極可愕」（『宣祖実録』巻一八〇、宣祖三七年一〇月丁未条）。

(27) 車文燮「宣祖朝의 訓錬都監」『史学志』四、一九七〇年一一月、一一一～一一七頁。

(28) 車文燮、前掲論文、一二二～一二六頁。

(29) 「傳曰。（中略）且貿蔘非錬兵之任。如何成給公文、差遣下人、使下民呼怨、問于訓錬院《ママ》都監」（『宣祖実録』巻一八〇、宣祖三七年一〇月丁未条）。

(30) 「傳于政院曰、都監［卽訓錬都監也］、凡處事之際、毎爲貽弊不當。色郎廳推考、其下去下人、竝爲囚禁治罪」（『宣祖実録』巻一八〇、宣祖三七年一〇月戊申条）。

(31) 徐渻（一五五八～一六三一）は宣祖三二（一五九九）年八月甲申に平安道観察使兼巡察使に任命され（『宣祖実録』巻一

一六、宣祖三二年八月甲申条）、宣祖三四年七月に平安道観察使を退任している（『宣祖実録』巻一三九、宣祖三四年七月癸未条）。

(32) 「咸鏡監司徐渻啓目。今貢蔘一事爲西北第一民瘼。①頃年天兵滿國、商賈之輩換蔘取利其獲倍簁、因此始採之月、持民間所須物貨、沒數換貿。納官之蔘反是商賈囊餘之物。而又當節過之時額外加定、如春夏之間、則民家那得有一根之蔘哉。②不得已《ママ》須買於防納刁蹬之輩、其價漸踊」（『宣祖実録』巻一七一、宣祖三七年二月己酉条）。

(33) 虞候とは従三品の武官職であり、平安道には各鎮（理山にも鎮がおかれた）に派遣される兵馬僉節制使（従三品）一六員とともに虞候が派遣されることになっていた（『経国大典』巻四兵典、外官職、平安道条）。

(34) 「憲府啓曰。理山一郡、西塞保障每當防狄、虞候留屯。其爲賊路要害、據此可知。自經年以來、以人蔘貢物奴婢身貢居民散盡、已成空邑之狀」（『宣祖実録』巻一八八、宣祖三八年六月庚戌条）。

(35) 咸鏡道、平安道では日本軍の撤退後に国境を女真が襲撃する動きが続いており、宣祖三八（一六〇五）年の四月には咸鏡北道兵馬節度使の金宗得が国境情勢について詳細な状啓を提出している（『宣祖実録』巻一八六、宣祖三八年四月壬子条）。

(36) 『宣祖実録』巻一六三、宣祖三六年六月癸巳条。

(37) 『宣祖実録』巻一七八、宣祖三七年九月丙寅条。

(38) 把蔘は生の人蔘を乾燥させて束ねた製品であり、朝鮮での流通が禁止されていた。中国は把蔘を求めたが、朝鮮政府の認めるところとならなかった。光海君二（万暦三八、一六一〇）年まで朝鮮が朝貢する人蔘は「生蔘」であった（『攷事撮要』（万暦癸丑版）上、大明紀年、万暦三八年条）。朝鮮が把蔘の流通を禁止していた背景は不明である。

(39) 「義州府尹具義剛狀啓。關市把蔘一切禁斷事啓、故行商之徒、不敢赴市、隱伏水上諸處、潛商爲事、作爲窟穴、日以益熾。本府防禁無路、尋常痛恨。關上委官經歷李棟、移文本府曰、潛商之徒、水上咧咧・泊雲里等處、載蔘公然潛商。馬市一不見蔘」（『宣祖実録』巻二〇一、宣祖三九年七月癸未条）。

(40) 「備忘記。上下之邦、疆域截然。近來多少唐人、無公文直渡鴨江、往來自如、邊吏莫敢呵禁。不但大損國體、他日階之爲禍、移咨遼東、凡出來者必受都司咨文、然後方可出來我國、庶幾憑此接待。令承文院議啓」（『宣祖実録』巻一六一、宣祖三六年四月戊戌条)。

(41) 制書有違律は、明律に見える規定で、官吏が法令に違反した行為を行った際の罰則を定めている。

(42) 「①蔘商之類、雖不可一切禁斷、②令商賈必得戸曹及開城府路引、纚帖于監營然後始得通行。其無路引者、關津不許過去、③而有容隱者、以制書有違律科斷、或有捕告者、以其資之半與之。④而本官先擇貢蔘、然後始許商賈貿易、則公私俱濟。而膏肓之瘼庶幾漸革」(『宣祖実録』巻一七一、宣祖三七年二月己酉条)。

(43) 中江開市において、朝鮮は取引に課税していた。そこから得た銀で中国からの使節の旅費を支弁したこともあった(『宣祖実録』巻一六〇、宣祖三六年三月甲戌条)。

(44) 田川孝三『李朝貢納制の研究』(東洋文庫、一九六四年)、五七四頁。

(45) 『宣祖実録』巻三五、宣祖二六年二月壬辰条。

(46) 「戸曹啓目、①蔘商人等處、自本曹路引成給、一以爲收税進獻之用、一以禁奸細私採之路。無行狀往來採貿人、一切禁斷、現露物件沒官、從重科罪。當初啓下事目、非不嚴明。②而近來産蔘各道各官等、不體朝廷立法之意。許多蔘商人等、雖無路引盡許私採、或自官中捧税、無一人犯禁被捉。以此今年願出路引者絶無」(『宣祖実録』巻二〇〇、宣祖三九年六月丙寅条)。

(47) 「把蔘一切禁斷、犯禁者論以一罪事、亦爲啓下。把蔘造作人及無路引蔘商人等、一一摘發、嚴加囚禁、所持物件沒官啓聞、治罪事前事目相考、各別申明擧行、八道觀察使開城府留守處行移何如。啓依允」(『宣祖実録』巻二〇〇、宣祖三九年六月丙寅条)。

(48) 「備邊司啓目。(中略)今日貢蔘、既無專靠蔘商、而所設蔘商、不但在於京城、本道如平壤・寧邊・義州等地最爲多在。①嚴加括出、小名成籍、輸送該曹。②移文禁斷、非一非再、守令或牽於私情、或拘於關節、不能痛禁。以致如此、極爲痛心。自今以後、申飭列邑、嚴禁此輩使不得節足、則蔘商之應貿於公家者、必多、而可爲本道永久之利矣」(『宣祖実録』巻二一〇、宣祖四〇年四月辛亥条)。

(49) 「凡城市・郷村・各市裏良中《ニ》、諸色牙行人及水路各串船楫次知頭目人等乙良《ヲバ》、有家産爲在人戸乙用良《ヲモッテ》、定附爲使内乎矣《サスルケレドモ》、官司印信・門字成給爲良在等《シタモノナラバ》、他處以來到興利人等矣《ノ》、按處姓名・行狀・字號・及持音物色等乙《ヲ》、册上施行、毎朔赴官算計

爲乎矣《スルニ》」（『大明律（直解）』巻十、戸律、市廛、私充牙行埠頭条）。（傍線部は吏読。筆者による。以下同様）

(50)『経国大典』巻二、戸典、雑税条。

(51)田川孝三、前掲書、五七四頁。

(52)「蔘商落漏於帳簿者、成册後窺避者、無公文私自買賣私自防納者、物件沒官全家徙邊」（『受教輯録』巻五、刑典、禁制条）。

(53)「商賈之入往江界者、令本府拘檢、知數成册、報知于備局爲白乎旀《セラレテ》、本府亦爲成給帖文爲白遣《セラレ》、無帖文私自過去者、熙川・碧潼・安州等路、各別拘執、以潛商施行爲白齊《セラルベシ》」（『備辺司謄録』五八冊、粛宗三三年六月二四日条「北京使行蔘商禁断節目」）。

(54)「蔘商下去江界時、本曹給黄貼、收税。[毎張收税錢三兩。松都請得黄貼、收税亦同。無帖文入往者、以潛商律論、元卜駄屬公]」（『続大典』巻二、戸典、雑税条）。

(55)文書形式の具体的な違いは未だ不明である。

(56)呉星『朝鮮後期商人研究』（一潮閣、一九八九年）、二四頁。

(57)田代和生、前掲書、二八五～二八七頁。人蔘の代価として銀が大量に日本から朝鮮に流入していた。

(58)『朝鮮通交大紀』五、慶長十三年条。

(59)『万機要覧』財用編五、単蔘付被執蔘条。

(60)「副校理閔鎭周所啓。江界一邑以蔘爲貨、官税、民産蔘外無他財、（後略）」（『備辺司謄録』第四〇冊、粛宗一二年（一六八六年）三月一五日条）。

(61)朝鮮の人蔘採集者が国境を侵犯して中国領で人蔘を採集していた際に、中国の官吏を射殺する事件があった。この事件への対応策を中国に求められた朝鮮は銃器規制を行うとともに、国境に近接する咸鏡道、平安道での人蔘採集を禁止していた（車守正「朝鮮後期人蔘貿易의 展開過程――一八世紀初蔘商의 成長과 그　影響을 中心으로」国民大学校大学院国史学科碩士論文、一九八五年、一三頁）。

(62)「又所啓。蔘商輩預給價貿蔘、價物於江邊人民處、約期收捧、例也。而頃者朝家嚴禁南北蔘貨、則商賈輩慮其失利、還徵本價。民既取用無餘、無以爲價、則盡奪其釜鼎牛馬、民不得聊生云、極爲可駭」(『備辺司謄録』第四〇冊、粛宗一二年三月一五日条)。

第四章　一七世紀朝鮮・明間における海路使行と貿易の展開

はじめに

朝鮮は建国の初期から明に使節を送り、その使節は常に陸路を利用した。[1] 朝鮮が海路を用いなかったのは明の「海禁」[2]政策にしたがったためと考えられる。しかし光海君一三（一六二一）年、朝鮮は初めて対明使節に海路を用いさせた。明の建国初期に、高麗が海路で使節を送ったことがあり[3]、一七世紀の海路による使節派遣は、文献上最後に確認できる高麗辛禑九（一三八三）[4]年から数えて約二四〇年ぶりのことであった。

朝鮮が光海君一三年から使節に海路を用いさせたのは、（陸路の朝貢路が経由する）瀋陽と遼陽が後金によって陥落させられ、陸路による使節派遣が困難になったためである。明との通交が清によって禁じられる仁祖一五（一六三七）年まで、朝鮮は海路により使節団を明に送った。

本章では、海路利用にともなう使行実施状況の変化と、それへの朝鮮政府の対処に関して、貿易に関係する問題を中心に検討する。その分析のために朝鮮使節が残した記録を利用する。海路使行が行われた光海君一三（一六二一）年から仁祖一四（一六三六）年の間の朝鮮の対明使節について『攷事撮要』『続雑録』『光海君日記』『仁祖実録』『承政院日記』などからは、〈表1〉のように三一回分、北京に赴いた使行が確認できる。[5] 海路使行には記録が残されているものがあり、本章では〈表2〉に示す八種の使行録を用いる。金尚憲「朝天録」・申悦道「朝天時聞見事件啓」・

〈表 1〉 海路による対明使行一覧

出発年	名目	正使	副使	書状官	備考
1621	陳慰使	朴彛叔			帰路のみ海路。 帰路で朴彛叔が遭難
	進香使	柳澗		鄭応斗	帰路のみ海路。 帰路で柳澗が遭難
	進香使	李必栄			
1622	登極使	呉允謙	辺潝		
	冬至使	李顕英			
1623	奏請使	李慶全	尹暄	李民宬	
	冬至聖節謝恩使	趙濈		任賚之	
1624	謝恩兼奏請使	李徳泂	呉翽	洪翼漢	
	冬至使	権啓		金徳承	
1625	冬至使	全湜			
	謝恩使	朴鼎賢	鄭雲湖	南宮櫶	
1626	聖節兼冬至使	金尚憲	南以雄	金地粋	
1627	奏聞使	権怗		鄭世矩	
	冬至使	辺応璧		尹昌立	
1628	登極使	韓汝溭	閔聖徴	金尚賓	
	進香兼陳慰使	洪霶		姜善余	
	冬至聖節謝恩使	宋克訒		申悦道	
1629	進賀兼辨誣使	李忔			李忔が北京で死亡
	冬至使	高用厚		羅宜素	当初の冬至使、尹安国が往路で遭難し高用厚に代わる
1630	進慰使	鄭斗源			
1631	冬至使	金耆国			
1632	奏請使	洪霫	李安訥	洪鎬	
	冬至兼聖節千秋使	李善行			
1634	冬至兼謝恩使	宋錫慶	洪命亨	元海一	
1635	冬至使	崔恵吉			
1636	冬至謝恩使	金堉		李晩栄	

『攷事撮要』、『続雑録』、『光海君日記』、『仁祖実録』、『承政院日記』中の対明使行関係記事より抽出して作成した。

※ 副使、書状官の空欄部分は不明を示す。

〈表2〉本章で用いる使行録一覧

記録名	作者	出発年	典拠書誌	先行研究での利用状況
朝天録	李民宬	1623	『敬亭続集』、『韓国文集叢刊』76（民族文化推進会、1991年）	徐2011
燕行録	趙濈	1623	『豊壌趙氏文集叢書』第2輯（豊壌趙氏花樹会、1987年）	徐2011
槎行録	全湜	1625	『沙西集』、『韓国文集叢刊』67（民族文化推進会、1991年）	徐2011、鄭2012
朝天録	金尚憲	1626	『清陰集』、『韓国文集叢刊』77（民族文化推進会、1991年）	
朝天時聞見事件啓	申悦道	1628	『懶齋集』、『韓国文集叢刊』続24（民族文化推進会、2006年）	
朝天日記	洪鎬	1632	『無住逸稿』、『韓国文集叢刊』続22（民族文化推進会、2006年）	徐2011
崇禎丙子朝天録	李晩栄	1636	『雪海遺稿』、『韓国文集叢刊』続30（民族文化推進会、2006年）	
朝京日録	金堉	1636	『潜谷遺稿』、『韓国文集叢刊』86（民族文化推進会、1992年）	徐2011、鄭2012、松浦1989a、1989b

李晩栄「崇禎丙子朝天録」は従来の研究では用いられなかった記録であり、海路使行に関する豊富な情報が記載されている。

本章ではまず、第一節において海路使行の実施状況について、使行経路の移りかわりおよび使節団の構成と使行船を中心に整理した上で、第二節において海路使行にともなう貿易の拡大を論じ、第三節で海路使行により生じた諸問題を考察する。そして第四節では問題への対処策として朝鮮と明政府による密貿易対策を分析する。

一　海路使行の実施状況

本節では海路使行の実施状況を、使行経路の移りかわりおよび使節団の構成と使行船を中心に整理する。

1　使行経路の移りかわり

光海君一三（一六二一）年、後金によって遼東の瀋陽と遼陽が陥落した。従来その二都市を朝鮮の朝貢路が経由していたことから、同年に明の北京を訪問していた進香使の朴彛叙と陳慰使の柳澗は陸路で帰国できなくなり、覚華島〔遼東〕から瀰串〔平安道〕に至る海路で帰国を図った。しかし旅順沖の鉄山嘴において、朴彜叔と柳澗の搭乗する船が遭難してしまう。(6) 使臣の遭難を受け、朝鮮政府は覚華島を経由するよりも安全な登州〔山東省〕を通るルートへの変更を明の登萊の衙門に要請し、認められた。(7) その後仁祖五（一六二七）年まで朝鮮使節の使行経路は、漢城から宣沙浦〔平安道郭山〕まで陸路で移動し、船で宣沙浦を出発して平安道沖を航行し、遼東半島南岸沖にある長山島を経由して旅順口に至り、渤海湾を横断して登州に上陸し、その後陸路で北京に至る、という経路（〈図1〉①+②+③）となった。(8)

その後奏聞使権怗は、仁祖六（一六二八）年二月に石多山〔平安道甑山〕から帰国した。(9) 同年二月以前の記録には対明使節団の出帰帆地が記述されないことから出帰帆地の変動がなかったと推測され、権怗の出国〔仁祖五年〕までは宣沙浦が出帆地であったと考えられる。仁祖六年の冬至使宋克訒は七月に平壌で乗船し、石多山から外洋に出た。(10) 翌年の謝恩使李忔より石多山からの出帆が許可され、(11) それ以後の使節は仁祖一四（一六三六）年まで石多山から出帆した。

一方、明側の上陸地も移転した。仁祖六（一六二八）年になると明の登萊巡撫であった孫国禎が朝鮮使節の上陸地を登州から変更するよう上奏した。(12) 次の史料にみるように朝鮮の備辺司は仁祖六年七月にはその事実を把握していた。

備辺司が啓して言った。「登萊巡撫の孫国禎の題本を謹んで見ましたところ、その一条では我が国の貢路を改めることを議しています。そこにいうには朝鮮は倭と和を交えており、万一倭奴が竊かに〔朝鮮の〕貢使に付いて来れば、国家の患いは山海関ではなく登萊にあり、奴酋〔後金の首長〕ではなく貢使にある、とのことでした」。(13)

この史料によると備辺司が登萊巡撫孫国禎の題本〔上奏文の一種〕を見たところ、そこでは朝鮮の朝貢路を改めることが議されていたという。さらにその題本には万一日本人が朝鮮使節に付随して来ることになれば、国家の危機は

〈図 1〉 朝鮮の対明使行路の変遷

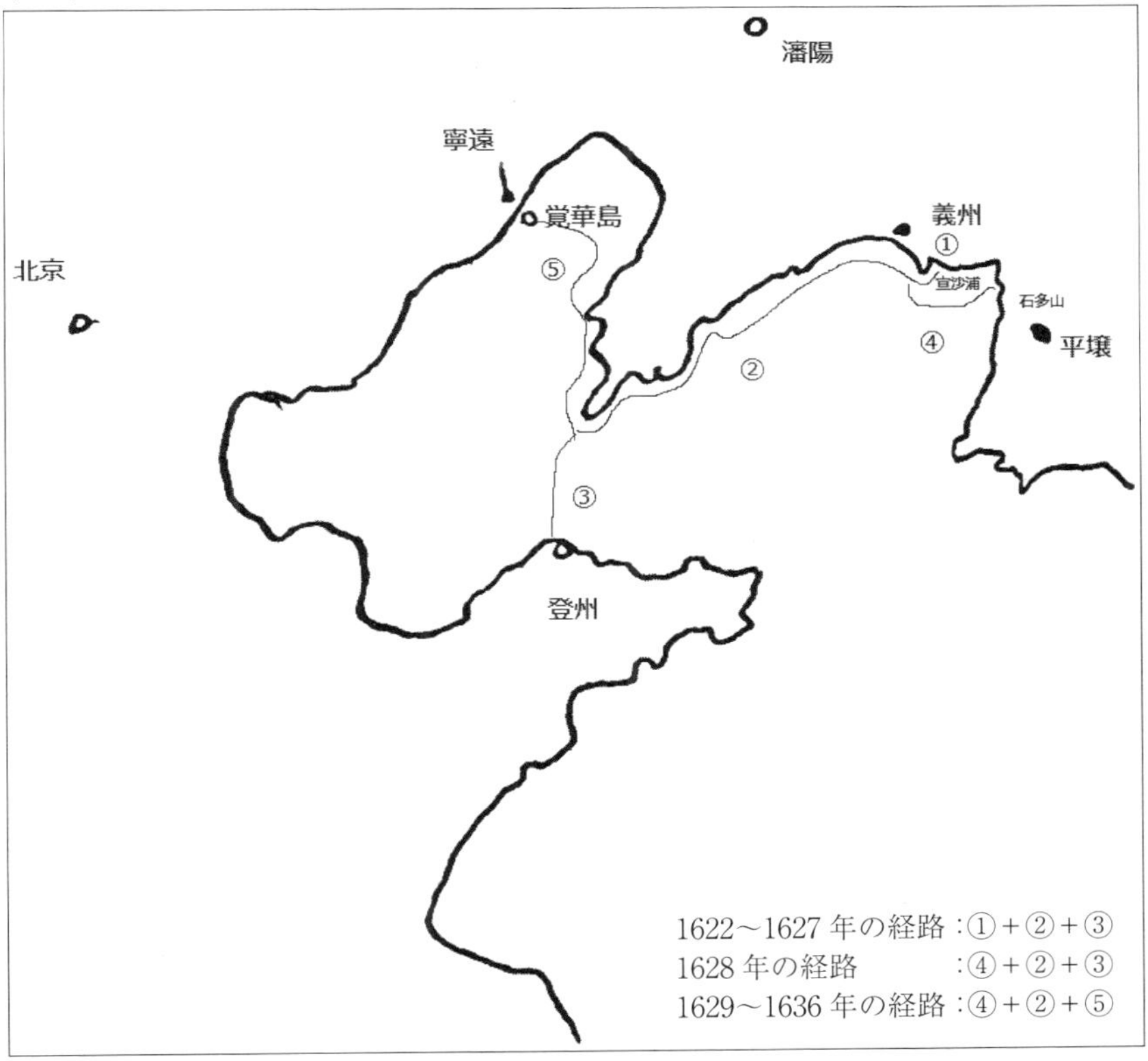

筆者作成

山海関ではなく登萊にあるということが述べられていた、と備辺司はいう。孫国禎の見解は、登萊に朝鮮使節が日本の勢力を招来する危機を恐れるものであったと考えられる。

仁祖六年の冬至使宋克訒の使行に書状官として同行した申悦道の記録「朝天時聞見事件啓」によると、申悦道らも明による朝鮮の使行経路の変更計画を聞いていた。申悦道によると、彼らが北京滞在中の仁祖六（崇禎元）年一二月三〇日に、明の主客司郎中であった何万化が使節一行の通事を招き、袁崇煥（同年四月に明の兵部尚書兼右副都御史となっていた）[14]が、毛文竜が朝鮮使節を侵害していることを理由に貢道を山海と天津の間に改めることを請うたということを話した[15]。それを受け、宋克訒らは翌仁祖七年正月七日に会同館主事に対して貢道を変更しないでほしいという文を呈したが、会同館主事から、皇帝と朝廷が袁崇煥を重んじていることから上奏を改めることは難しいと言われてしまう[16]。結局仁祖七年閏四月までに、明の朝廷は袁崇煥の上奏を認め、朝鮮使節の使行経路を登州経由から遼東の寧遠経由に変更させた[17]。

以上の使行経路の移りかわりを地図上に示したのが〈図1〉である。朝鮮の使行経路は光海君一四（一六二二）年から仁祖五（一六二七）年ごろまでは宣沙浦から登州へ向かう経路であったのが〈〈図1〉①+②+③〉、仁祖六（一六二八）年には石多山を通って登州へ向かう経路となり〈〈図1〉④+②+③〉、仁祖七（一六二九）年から仁祖一四（一六三六）年までは石多山から寧遠へ向かう経路〈〈図1〉④+②+⑤〉に移動した。

なお朝鮮だけでなく、椵島を占拠していた明将の毛文竜も寧遠への経路変更に反対であった。毛文竜は旅順口に到着した申悦道らに次のように語ったという。

　先にいうことでは「你の国の朝貢路は、覚華島経由に改められたが、この路は決して通ってはならない。我は題本で旧来の登州路を経由することを請うところである[18]」。

この史料からわかるように、毛文竜は覚華島経由の使行路に反対するという認識を示した。また、明が使行路を変更させることを四月までに察知した朝鮮朝廷も経路変更に反対であった[19]。経路の変更によって船の往来が危険になると判断したためであると考えられる。しかしその後の使行経路は寧遠経由に固定され、山東半島経由の経路に復帰することはなかった。

2　使節団の構成と使行船

次に使節団の構成と使行船の数をみてみる。一八世紀初頭に編纂された『通文館志』は、海路使行を行った際の使行一回あたり船隻数は、五隻が上限であったとする[20]。たしかに、使行が行われた一七世紀の記録のうち、船の隻数に言及があるものを抽出すると〈表3〉の結果となり、使行一回あたりの船数は四隻から六隻であったことがわかる。

使行船に搭乗した人数を伝える史料は少ないものの、仁祖元（一六二三）年の奏請使の書状官であった李民宬の『朝天録』はこのとき搭乗した使節団の構成と人数を記録している。これをもとに作成したのが〈表4〉である。〈表4〉によると、その使行時には全部で三五二人、各船に四九～七〇名が搭乗していた。また仁祖八（一六三〇）年に使行した冬至兼聖節使高用厚の一行の総人数は一六九人であり[21]、仁祖一〇年の奏請使洪霶（書状官は洪鎬）の使行時には乗船した総人数が二六四人であった[22]。

使行船に用いられた船の調達先に関しては、仁祖元（天啓三、一六二三）年に冬至聖節謝恩使として使行した趙濈の記録がある。趙濈が残した『燕行録』によると、一行は仁祖元年七月二八日に漢城を出発し、同年八月二三日に宣沙浦に到着した。そして九月二日に同地を船で出発した。趙濈は宣沙浦滞在中に、船について次のように言及している。

> 京江の所定の船が来なかったため、湖西水営船の先に到着していた一隻、及び本浦の留船一隻、黄海道載糧船一隻を選びまず装って〔荷を〕載せた[23]。

この一行が出帆する際には京江の船が宣沙浦に到着しているはずであったが、京江船はまだ来ておらず、一行は湖西水営船、宣沙浦留船、黄海道載糧船の三船に装いをして荷を積み込んだという。なお京江は漢城南郊の楊花津から纛島にかけての漢江流域にあたる。また湖西水営は忠清道水軍節度使営の略称であり、忠清道保寧に置かれていた[24]。宣沙浦留船は対明使節団のために宣沙浦に留めおかれた船と思われるが、詳細は不明である。最後の黄海道載糧船の詳細も不明である。

〈表 3〉 対明使行時の船隻数

出発年	使行名（正使名）	船隻数	典拠
1622	登極使（呉允謙）	5	呉允謙、李民樹訳「海槎朝天日録」『秋灘先生文集』（法典出版社、1980 年）
1623	奏請使（李慶全）	6	「朝天録」『敬亭續集』
1625	冬至使（全湜）	4	「槎行録」『沙西集』
1628	冬至聖節謝恩使（宋克訒）	5	「朝天時聞見事件啓」『懶齋集』
1629	進賀兼辨誣使（李忔）	4	李忔「雪汀先生朝天日記」（弘華文『燕行録全編』9、広西師範大学出版社、2010 年）
1632	奏請使（洪霶）	6	「朝天日記」『無往逸稿』
1636	冬至謝恩使（金堉）	4	「朝京日録」『潛谷遺稿』

典拠の文献のなかで船の隻数に言及のある箇所から隻数を抽出した。典拠に書誌の記載のないものは〈表 2〉に登場する文献を使用した。

〈表 4〉 仁祖元（1623）年使行時の船別、人員配置

	正使	副使	書状官	団錬使	堂上訳官	訳官	学官	軍官	別破陣	司憲府書吏	写字官	医員	奴	厨子	梢工	格軍	炮手	合計
第一船	1				1	1		5			1		3	2	5	47	4	70
第二船		1			1	1	1	7				1	3		5	46	9	75
第三船			1		1	2		2	1	1			2		5	38		53
第四船				1	2	3		3					1		2	30	9	51
第五船				1	1			4				1	3			37	7	54
第六船					1	2							3		2	36	5	49
合計	1	1	1	2	7	9	1	21	1	1	1	2	15	2	19	234	34	352

李民宬『敬亭続集』巻 1「朝天録」、天啓 3 年 5 月 22 日条（『韓国文集叢刊』76（民族文化推進会、1991 年）より作成。徐仁範（渡昌弘訳）「朝鮮使節の海路朝貢路と海神信仰――『燕行録』の分析を通して」吉尾寛編『東アジア海域叢書四　海域世界の環境と文化』（汲古書院、2011 年）の「表 2 使節船団の編成」も同条に基づくが、第三船の司憲府書吏を見落とすなど精度に問題がある。

このほか、申悦道「朝天時聞見事件啓」に、仁祖六（一六二八）年八月一日に申悦道一行が石多山に向けて平壌を発つ前に、来ているはずの「全羅船」がまだ到着していないとの記述がある[25]。

これらの記録は断片的ではあるものの、朝鮮西海岸各地の官船が使行のために利用されていたこと、船が平安道の出帆地に準備されていたことがわかる。

以上、海上使行経路の変遷ならびに使節団の構成と使行船について検討した。使行経路は当初光海君一四（一六二二）年から仁祖五（一六二七）年ごろまでは宣沙浦から登州という経路であった。その後仁祖六年には石多山から登州という経路に代わり、仁祖七年には石多山から寧遠に至る経路に明によって変更を強いられた。使行一回あたりの船の隻数は四隻から六隻であり、朝

鮮西海岸の官船が用いられていた。

二　海路使行にともなう貿易の拡大

ここでは海路使行にともなって拡大した貿易の内容を論じる。朝鮮使節は陸路時代と同様貿易を続けた。使節団の荷の中で最も重要であったのは、往路の場合は朝鮮国王から明皇室（皇帝ならびに皇后や皇太子）への各種進貢品（人蔘、各種織物など）であり、復路の場合は明皇室から朝鮮国王への回賜品であった。

次に重要なのは、朝鮮の官庁が必要な物資を北京で購入する公貿易である。代表的な物資としては朝鮮で入手できない薬材があった。法典集の『大典続録』（成宗二四（一四九三）年）の規定では、使行時に医員が北京で薬材を購入することが定められていた。(26)

また一七世紀初頭には火薬の原料である焔硝の輸入も朝鮮にとって重要になった。壬辰の乱後、朝鮮では鉄砲の整備が進められたものの、火薬の製造が十分にできず、原料の焔硝を明から輸入した。(27) 後金が光海君八（一六一六）年に建国されると朝鮮の国防上、焔硝の輸入は切迫性を増した。(28) 前述の趙濈の使行の場合、当初三〇〇〇斤の焔硝購入を企図し、二〇〇〇斤（軍器寺一〇〇〇斤、訓錬都監一〇〇〇斤）を購入したという記録がある。(29)

さて、使行経路が海路になってから、朝鮮政府は使船とは別個に「貿販船」「貿穀船」とよばれる船を使節団に随行させた。

一七世紀初頭から、遼東では飢饉が相次ぎ、明は山東の米を登萊経由で遼東に運んだことがあった。(30) 朝鮮朝廷でも山東の米を登州から購入しようという議論が起きた。それに関する仁祖二（一六二四）年の李廷亀の啓は次の通りである。

> 米を登州から購入した。当時久しく旱魃が続き民は飢えているのに、遼東の民の救済まで我々が支弁せねばならず、朝廷はそれを憂えていた。李廷亀が経筵中に啓して言った。「今聞くに登州では三銭の銀は米八斗にあたり、粟はその倍といいます。都督〔毛文竜〕が軍糧を購入した銀は、多く関西〔平安道〕にあります。その銀で登州から米を買えば、この大凶の災いを救ってなくすことになり、かつ遼東の民を救うこともできます。朝天の使臣が乗った船隻は、虚らに登莱に繋留されており、ただ年が経つばかりです。その船でもって、使行が〔登州に〕戻ってくる前に一二度米を運ぶようにすべきです」[31]。

李廷亀の啓の趣旨は、傍線部にあるように、朝鮮の使臣が登州から北京に出発した後、船が登州で待機をしている間に米を買い、その船で米を運搬しようというものであった。

李廷亀の啓に対する、備辺司と仁祖の対応は次の通りである。

> 備辺司に下して検討させた。備辺司が回答して啓した。「都督〔毛文竜〕と登州軍門に咨文を送りこれ〔登州から米を買うこと〕を行うことを請います」。国王はそれに従った[32]。

備辺司に登州から米を購入する計画を検討させたところ、備辺司も実行を求めたため、仁祖はそれに従ったというのである。李廷亀の啓中にある「都督〔毛文竜〕が軍糧を購入した銀は、多く関西〔平安道〕にある」ことについては説明が必要であろう。毛文竜は椵島を占拠した後、自身の軍勢と椵島への避難民の食糧として、朝鮮に糧米の供給を要求した。光海君は後金の侵入を受けることを恐れて毛文竜との糧米貿易実施に否定的であった。しかし、光海君一四（一六二二）年に光海君が廃位され、仁祖が即位した。仁祖は明から即位承認を受けるのに毛文竜の助力を得たこともあり、毛文竜との糧米貿易を開始し、糧米の調達・輸送のために管餉使を各道に置いた[33]。平安道・黄海道・咸鏡道に管餉使が置かれ、平安道管餉使は毛文竜との糧米取引を行ったことが確認できる(34)。李廷亀の啓中に言及のある「軍糧を購入した銀」とは、糧米を毛文竜に売った結果、朝鮮が代価として得た銀のことであると考えられる。

朝鮮の船で登州から米を購入する計画は実施された。仁祖三（一六二五）年には朝鮮訳官の皮得忱らが軍糧を登州で購入した帰路に、風に遇って船が難破したために漁船を借り、中原の境にたどり着いた、という記録がある(35)。

仁祖三（一六二五）年の全湜の使行には正規の使船に加えて、「管餉船」とよばれる船が同行した。全湜「槎行録」によると、一行は仁祖三年八月三日に漢城を出発し、同月二四日に宣沙浦に到着した。九月一日に宣沙浦を船で出発し、同月三〇日に登州に到着した(36)。全湜は「槎行録」の中で、一行の船は正規のものが全部で四隻であり、正使全湜が乗る船を「上船」と表現した。また全湜は「上船」以外の船を「二船」「三船」「四船」と称しており、「二船」を「書状船」と称する場合があった。書状船とは書状官の乗る船のことであろう。その四隻のほかに宣沙浦から登州までの行程において「管餉貿穀船」が同行しており(37)、全湜は登州から宣沙浦への帰路についても次のように記述している。

南風で皇城島に向ったが、その快速なることは飛ぶようであった。書状船及び第三船が、上船を望みみて皆な帆を挙げて追ってきた。四船と管餉船は先行して去っていた(38)。

ここでは四船と並走した船として「管餉船」の名が挙がっている。さらに仁祖六（崇禎元、一六二八）年の冬至聖節謝恩使の使行の際には、平壌の出発地から、使船に加えて「貿販船」とよばれる船を同行させたことが次の史料にみえる。

晴れ、臣等は大同江で乗船した。一行の員役〔吏〕及び梢工〔運航を管理する船員〕と水手〔漕ぎ手〕を一人ひとり点検し、各船に分けて属させた。船は全部で四隻であったが、貿販船は平安道観察使金起宗の移文により、第五船と称し、訳官は射手と称して、内訳を咨文に記述した(39)。

一行の使船は合計四隻であったが、傍線部によると、この一行が平安道観察使からの移文により、「貿販船」を「第五船」、訳官を「射手」と偽装して本来の四隻に同行させていた。

以上のように、朝鮮の使節団は海路利用になった後も従来の進貢・公貿易を行った。さらに海路を利用し、船が朝鮮と登州を往来する際や、登州に留めおかれる際に、船を糧米の購入・運送に役立てようとし、実施された。仁祖三（一六二五）年の使行には管餉船が同行し、仁祖六年の場合は貿販船が同行するなど使節の本来の目的以外の船が使行に同行した。

三　海路使行の諸問題

前節までは朝鮮が海路使行を行うようになって変化した使行経路や使節団の構成、貿易について考察したが、この節ではそのような変化によって生じた問題を考察する。

1　使行沿路の負担増大

まず登場した問題には、漢城から平安道の出帆地までの使節団の通行が、沿路の邑の負担を増大させた、ということがあった。

使節団は平安道の出帆地（宣沙浦ないし石多山）まで陸路で移動した。陸路移動の問題については、仁祖三（一六二五）年に黄海道観察使が、海路での使節の員役（吏）の人数が陸路に比べて多くなり、駅路での負担が大きいことから員役の数を減らすよう啓聞した[40]。また仁祖五（一六二七）年にも備辺司が陳慰使に関係する負担（沿路の人夫と駅馬）と漕ぎ手を減らすよう求めた[41]。

ここで陸路での使節団の人数はどのようなものであったのかを確認しておきたい。嘉靖一六（一五三七）年に明で重刊された『遼東志』によると、朝鮮が陸路で派遣する使節団の官（正使、副使、書状官、通事など）の人数は通例では三〇人程度であった[42]。

海路に使行路が代わる直前の使節団の人数の実例としては、光海君一一（一六一九）年に謝恩兼千秋使李弘冑が陸路で使行した際の記録がある。李弘冑「梨川相公使行日記」によれば、一行の人数は総勢五七名であり、そのうち奴が九名であった[43]。

それに対して、海路での使節団の人数は、〈表4〉に示したように仁祖元（一六二三）年の奏請使一行が全部で三五二人であり、第一節で示したように仁祖一〇年の奏請使一行が総勢二六四人であった。仁祖元年の奏請使の一行のうち明らかに船の運航に従事した人員は、〈表4〉によると梢工（運航を管理する船員）が一九人、格軍（漕ぎ手）が二三四人、炮手が三四人の合計二八七人である。使節団の船が漢城ではなく、宣沙浦や石多山の出帆地に準備されたという記述から判断するに、これらの運航要員は出帆地から登州までの間にのみ用いられたものと考えられる。

なお、使節団の総人数三五二人から船の運航要員二八七人を引くと、船の運航に関与していない人員は六五人となる。『遼東志』の三〇人からみれば倍増であり、光海君一一（一六一九）年の謝恩兼千秋使よりも一割ほど多い。〈表4〉によると各船に堂上訳官と奴が搭乗しており、訳官は第五船以外の全船に、軍官は第六船以外の全船に搭乗している。こうした、運航要員以外に各船に搭乗する人員が求められたことが総人員の増加につながったのであろうと考えられる。

これらのことから使行路が陸路から海路に代わり、使節団の人数が場合によって四倍から六倍程度に増加したことがわかる。その多くは船の運航に携わる要員であったが、船の運航に携わらない団員も増加した。

2　密貿易

次に挙げるのは密貿易である。仁祖二（一六二四）年に侍読官の金時讓は海路使行の弊害について、次のように指摘した。

ひとたび海路で北京に赴くようになってから、物資を密輸することは、陸路に比べて甚だ容易になり、故に近年の使行の吏（員役）は、市中の利を貪る多くの者を率いており、それが中国に侮蔑されることは、言いつくすことができません。厳しく条文を定め、禁を冒して行く弊害をなくさせることを請います(44)。

金時讓は、海路では物資の密輸が陸路より容易になり、使行の吏（員役）に利を貪る多くの者を帯同する者がいるとして取締を求めた。密輸に従事したのは、吏が帯同した「利を貪る者」だけではなかった。仁祖元（天啓三、一六二三）年に使行した趙濈は次のように述べている。

以前より訳官等は、鴨緑江を越えた後には体面を顧みず、利をおもって貪ることを是としたという。今は果してそうである。軍官で物資を持つ者は、訳官と異なることがなく、終日市場を走り回っており、公務は一時まったく忘却している(45)。

趙濈はここで、以前は訳官が入明後に利益を貪ろうとするものであったが、今はさらに軍官も物資を持ち込んでいると非難した。

次に密輸された物品について検討する。使行録のなかでは密輸品として、朝鮮からの輸出品に人蔘が挙がっており、明からの輸入品に緞子などの絹織物が挙がっている。たとえば仁祖一四（一六三六）年から使行した李晩栄の一行中で暹羅の使節との密貿易が発覚したことがあった。そのときの経緯は次の史料の通りである。

> 闕〔皇城〕に参内して謝恩した。開市を始めた。訳官と中官等が、夜陰に乗じて墻を越えひそかに出、暹羅の使節の館に入り、ひそかに錦緞を買って来た。館夫はそれを知り、〔会同館主事〕提督に告げた。提督が〔会同館の〕
> 序班に暹羅人の荷物を捜査しに行かせたところ、果して人蔘四六両があった。(46)

この史料によると、李晩栄一行中の訳官と中官（宦官）が、暹羅（シャム）の使節が滞在していた宿舎に夜に潜入し、錦緞を購入してきたが、それが発覚したため、会同館主事の提督が暹羅人の荷物を捜索させたところ、人蔘が発見されたという。李晩栄の一行の場合は、その後も北京での薬材貿易に関連して、医員の薬材の荷物の中から「紅綃」（紅のうすぎぬ）が発見されて焼却されたほか、軍官の荷物から「繡補」（縫い取りをした官服）が発見され、そこには「孔雀繡」（孔雀の縫い取り）、「黄糸」（黄色い生糸）などの刺繡がなされていたことが露見した。(47) これらのことから使行が海路で行われた時期に、使節団のなかで密輸が行われたことがわかる。密輸は陸路の時代も行われたが、金時譲の認識や趙濈の実体験によると、海路利用になって密輸がさらに盛んになっていた。

3　後金との通交開始と対明貿易制限

次に挙げるのは後金との貿易開始（仁祖五（一六二七）年）後に生じた問題である。仁祖五年に後金が朝鮮に侵入し（丁卯の乱）、江華島で朝鮮と講和を結び、朝鮮との間で通交を開始した。(48) 朝鮮から後金に銀や明産の織物が、後金から朝鮮に人蔘などがもたらされ、後金に捕虜となった朝鮮人の償還も貿易に付随して行われた。(49)

この朝鮮と後金との通交は、朝鮮による後金への内通行為と明にみられかねず、明は朝明間の貿易を制限した。仁祖五（一六二七）年一二月に行司直の金尚憲は、明の商品を用いて朝鮮が後金と貿易を行うことを明が聞けば大いに怒るであろうと警告した。(50) さらに金尚憲の翌年五月の啓は次のようであった。

都承旨の金尚憲が啓して言った、「（中略）かつ戸曹が準備した礼物一覧の物件の内に、各色の紋いりの大緞があります。臣が以前赴京した時、進貢した西㺚等が大緞を貿易したがっているものの、中朝が禁令を厳しく立て、外国人には貿易を許していないと聞いたことがあります。そのため〔会同館の〕館夫が利益を貪っているといっても、最後まで敢えて公然と売買しようとしていないといいます。我が国の訳官の連中がまた禁令を犯して購入して来、今では反対に後金に贈給していることは、二百年間天朝の法令を謹んで守ってきた趣旨に殊更に反するのです」。(51)

ここで金尚憲は、かつて自身が使行した際に西㺚（カラチンモンゴル）の一行が大緞の購入を希望したのに対し、明は購入を厳禁したとし、朝鮮の訳官らが大緞を購入して後金に給することに反対した。なお他にも後金は青布（江南産の綿布）のような明製品を朝鮮に要求することがあった。(52) 朝鮮政府は後金の使節が漢城に来る際には兵器の販売を禁止した。(53)

仁祖七（崇禎二、一六二九）年には、明は朝鮮に対し硝黄（硝石と硫黄）と弓角（矢筈に用いる水牛角）の取引について容易に許可しなくなった。当時、明の通政司左参議であった楊紹震は申悦道らに次のように述べた。

〔通政司〕左参議の楊紹震は、「你の国の事態は、前と異なったことがある。硝黄と弓角は、容易に貿易を許すことができない。必ず〔会同館主事〕提督が貿易を許した公文を得て、然る後にまさに許可することができる」といった。(54)

この史料の傍線部によると、楊紹震は事態の変化を理由に貿易を容易に許可しなくなった。事態の変化とは朝鮮の後金との通交開始であろう。

4　明将による使船からの略奪

毛文竜をはじめとする明将が朝鮮使節から貨物や船を略奪する事件も発生した。仁祖六（崇禎元、一六二八）年に進香使船の貨物が登州で奪われたことがあった。その事件を伝聞した申悦道の記録は次の通りである。

初更に、進香使の第三船が過ぎ去った。そこで訳官鄭慎男等に会ったところ、進香使行の顚末と経過を知ることができた。登州で貨物が奪われたとの説も、嘘ではなかった(55)。

この史料によると、申悦道が登州に赴く海路において、進香使船（正使は洪霶）に遭遇したが、その際に行った聞き取りにより、進香使船の荷物が登州で奪われたという話が真実であると確認されたという。

さらに申悦道らは登州滞在中に、毛文竜に船を押収されそうになったが、回避した(56)。しかし次の史料にみるように、申悦道らが北京に行っている間に、登州で待機していた「第五船」が毛文竜に奪われ、椵島に運ばれた。

夕方に黄県に至り、登州に留まる団練使の通告を見た。その文面によれば毛文竜が船一〇余隻を派遣し、三月初めに登州に到達し、各船を捜索して什物を強奪した。また第五船を取りあげ、糧を積載して先に皮島〔椵島〕に送り、登極使が留めていた船隻もともに奪われ、使臣が登州に戻ったのを待って、ともに皮島に行ったという(57)。

申悦道はこの時、北京から登州に戻る途中であった。この史料によると、黄県で登州の団練使からの手紙をみたところ、第五船が奪われ、その他の登極使（正使は韓汝溭）の船も奪われ、椵島に連行されたという。第五船とは、前述したように使船に偽装した貿販船であった。

総合すると仁祖六（一六二八）年から仁祖七年にかけて進香使船の荷物、冬至使の貿販船、登極使船が略奪されたことになる。(58) その後、椵島の支配者が毛文竜から劉興基に代わるが、仁祖八年には朝鮮使船が劉興基によって拿捕される事件も発生した。(59) 明将からみれば朝鮮使船の貨物、船が魅力であったと考えられる。

この略奪の理由には、朝鮮が対明海上貿易を行うことで、毛文竜の貿易活動が妨害されかねなかったことがあると考えられる。毛文竜は椵島に多くの商人を受入れて収税しており、(60) 毛文竜の占領する椵島は後金から朝鮮を経由して明に至る貿易路において中継地の役割を果たしていた。朝鮮商人が椵島で銀と人蔘を売ったことは次の史料からもわかる。

戸曹が啓して言った。「(中略) 我が国は中央と地方の商人が椵島に四方から集まり、銀と人蔘を持参して商品を購入する者が数えきれません。しかし政府としては今まで一つとして収税したことがありません」(61)。

この史料によると朝鮮の商人が椵島に銀と人蔘を持参し、商品を購入する貿易活動を行っていたという。朝鮮が明と直接行う貿易を増大させると、毛文竜は自身の利益を侵害されるため、それを牽制しなければならない、と考えたのであろう。

海路使行による第一の問題は、陸路の使行に比べ海路の使行の構成人数が増え、出帆地までの沿路邑の負担が増大したことであった。第二には、使節団内における密輸の弊害が深刻化したことであった。第三に、朝鮮が後金との間で仁祖六(一六二八)年に貿易を開始したことで、朝鮮は明から後金と内通しているとみられかねず、明から貿易の制限を受けた。第四に毛文竜ら明将が朝鮮使節の船や貨物を略奪することも起きた。

四　朝鮮・明政府による密貿易対策

前節で挙げた海路使行にともなう諸問題に対し、朝鮮と明政府がそれぞれどのように対処したのか、本節では史料で確認できる密貿易対策を中心に検討する。

1　朝鮮政府による御史の派遣

朝鮮政府は使節団の密貿易に対し、使節団の出帰帆地に中央から御史を派遣し、使節団の荷物を厳格に検査するという対策を図った。

従来、陸路での使行では、使節団が中朝国境の義州に戻った際に、中央から派遣された御史が使節団の荷物を検査することが法制化されていた。『大典後続録』（中宗三八（一五四三）年）中の関係する条文にその規定がみえる。

　北京に赴く使節については、還って鴨緑江を越える日に、随時特別に御史を派遣して不正を摘発すること[62]。

ここでは使節団の帰路の取締のことを規定している。これより以前に施行された『経国大典』（成宗一六（一四八五）年）では「赴京使」が定数外の物資を携帯することを禁止し、違反した場合の罰則を定めていたが[63]、使行の往路と復路でどのように政府が取締を行うかについては規則を定めていなかった。

一方、一七世紀の海路使行の場合は復路の帰帆地だけでなく往路の出帆地にも御史を派遣して検査した。たとえば、仁祖元（天啓三、一六二三）年の冬至使趙濈の使行の際には御史呉翻が「捜参之事」で宣沙浦を訪れており[64]、仁祖三年の冬至使全湜の使行の際には出帆地の宣沙浦に「捜銀御使」（人名は記載されず）が来訪して使節一行を検査した[65]。さらに仁祖一四年の冬至兼謝恩使金堉の使行の際には「捜検御史」蔡裕が石多山に来て積荷の検査を行った[66]。

実際に出帆地における使節団の荷物検査は成果があり、仁祖二（一六二四）年七月には「捜銀御史」金時譲が使節団による銀の密輸を摘発した。金時譲は同年三月に弘文館副校理に就任し、同年五月には侍読官となり、前述のように使行中に密輸が行われていることを指摘したばかりであった。密輸を摘発したときの金時讓の啓には次のようにある。

捜銀御史の金時讓が急報して啓して言った。「近来人蔘の禁令が厳しいものの、既にそれは大きな利益の源です。禁を犯して〔北京に〕赴く市井の者は甚だ多く、今回の謝恩使の行で、臣は乗船地に馳せて到着し、禁物を捜索したところ、松京人の金得吉が軍官と称して、密かに携帯していた銀子四〇〇両余を発見しました。商人の李福・朴許龍等もまた一行の奴子と称し、潜匿していることはほとんどわかっていましたが、最後まで提出させることができませんでした。金得吉は郭山に囚えており、押収した銀両は数を数えて庫に留め、処置を待っています」。しかし朝廷は最後までその罪を罰しなかった(67)。

この史料によれば、謝恩使の一行の出発時に検査したところ、開城（松京）人の金得吉が軍官と称して乗り組んで密輸した銀四〇〇両余が発見された、という。そして李福・朴許龍らから最後まで銀を出させられなかったこと、金得吉が罰せられなかったこともわかる。「今回の謝恩使」とは謝恩兼奏請使李徳洞の一行を指す。仁祖二（一六二四）年四月に李徳洞が出発前に明の官への賄賂（人情）の増額を願い出た記事があることから(68)、金時讓による摘発は同年四月から七月の間に行われたと考えられる。

なお密輸発覚後、李徳洞一行は北京に向かい、翌年四月には宣沙浦に帰還した(69)。同年五月には市井の商人を帯同して明に赴こうとした件について、李徳洞一行の衙前らはすべて免罪となり、訳官の表廷老ら四名のみが「中道付処」（流配の一種）の処分をうけた(70)。

なおこの事件については次のような関連記録がある。

おりしも権啓と李徳洞、呉翿の輩が、公然と賄賂を受け、一人が引き連れる者は多いときには二五人になるので、人は皆唾して見下げた。〔金〕時譲が捜銀御史の任をもって、商売人を徳洞の一行から摘発し、その財物を没収して罪を裁いたので、これを爽快と感じたものが多かった。(71)

この史料では、権啓、李徳洞、呉翻らが公然と賄賂を受けて商売人を混入させたことが述べられている。後半部から金時譲が李徳洞の一行から商売人を摘発したことがわかる。なお前半部で李徳洞と併記された呉翻は李徳洞の副使として随行したことが確認できるが、前述したように、仁祖元（一六二三）年の冬至使趙濈の使行の際に「捜参之事」で宣沙浦を訪れたこともあった。(72)なお李徳洞と併記された権啓は、実際には李徳洞らとは別個に冬至使として明に使行した。権啓らは仁祖二年中に朝鮮を出発し、仁祖三年四月に帰国した。(73)そして商人帯同の件について帰国後に弾劾されたが、国王は「越海の功労」があるとして権啓を削職するだけの処分とした。(74)

このように朝鮮では中央から派遣された御史による使節団の検査が行われるようになって密輸が摘発され、訳官の流配と正使の削職などの処分が行われたことが確認できる。

2　明政府による朝鮮使節への検査

仁祖六（一六二八）年以降に、明は朝鮮の使節団の荷物検査を行った。仁祖六〔崇禎元〕年九月に冬至聖節謝恩使宋克訒らは登州巡撫の配下に登州での荷物検査を受けさせられそうになるが、規定や前例がないとして争った。このとき同行していた申悦道は次のように記録している。

早朝に参将の陳良謨が、その中軍〔次官〕王勝を派遣し、一行の員役・梢工・水手及び各船所載の物件を一つ一つ記録することを求めた。臣等は前に規例がないこととして、争った。(75)

この史料によると、一行は参将の陳良謨〔登州巡撫の配下〕から使節団の構成員や積荷の内容の報告を求められたものの、抵抗した、という。そもそも陸路時代は朝鮮使節が明入国後に方物検査を受けなかった。ところが仁祖六年以降の記録によると、使節団は明滞在中に検査を受けるようになった。たとえば仁祖一〇（崇禎五、一六三二）年に洪鎬（謝恩兼奏請使洪霶の書状官）らは往路の寧遠で方物の検査を受け[76]、仁祖一五（一六三七）年には冬至使金堉らが、北京の会同館で開市を行った後に会同館主事（提督）から検査を受けた[77]。

以上のように、朝鮮政府は使節団の出帆および帰帆の地点に御史を派遣して使節団の荷物を厳格に検査し、実際に密輸の現行犯が摘発される成果をあげた。また明当局は朝鮮使節の明入国後に貨物検査を行った。

おわりに

本章では光海君一三（一六二一）年から仁祖一五（一六三七）年にかけて、朝鮮の対明使節が海路で派遣されるようになって生じた、使行の実施状況の変化に対し、朝鮮政府がどのように対応したのかということについて論じた。特に貿易面で起きた変化や、海路を利用したことにより発生した諸問題と政府の対策に着目した。その結果判明したことを整理すると次のようになる。

朝鮮使節は当初光海君一四（一六二二）年から仁祖五（一六二七）年ごろまでは宣沙浦から登州へ至る海上の経路を用いた。その後使行経路は仁祖六年には石多山を出発して登州に至る経路に変わり、仁祖七年には明によって石多山から寧遠に至る経路に変更を強いられた。使行一回あたりの船数は四隻から六隻であり、朝鮮西海岸各地の官船が使行のために用いられた。

使行経路が海路になったことで朝鮮政府は、使節の一行が朝鮮と登州を往来する際や、船が登州に留めおかれる際に、船を糧米の購入・運送に役立てようとし、実際に計画が実行された。

一方で海路使行に起因する問題が生じた。それは第一に、陸路の時より海路では使節の人数が増えたために、出帆地までの沿路邑の負担が増大したことであった。第二に、使節団のなかで密輸が行われたことであった。第三に、仁祖六（一六二八）年の後金と朝鮮との通交開始により、海路使行貿易が後金への援助につながると明にみられる恐れが生じたことがあった。さらに従来朝鮮との間で貿易を行っていた毛文竜ら明将は、朝鮮使節の船や貨物を略奪するようになった。

密輸の問題に対し、朝鮮政府は使節団の出帰帆地に中央から御史を派遣し、使節団の荷物を検査することで対処した。また明政府は使節団の貨物検査を行った。

以上のように、使行路が海路経由になったことを受けて、使節の貿易を拡大しようとする動きが朝鮮政府内にあり、政府は使節団の構成人数を陸路の時より増員したり、貿易の専用船を使行に随行したりさせるなど、一部で使行の規模が拡大した。一方で貿易拡大に伴う弊害の発生を受けて貿易をより強く管理する動きが朝鮮と明双方にあった。

このように朝鮮の海路を通じた対明使行をみると、海路への変更や、海上経路の途中での変更は朝鮮が自発的に選択したものではなかったが、朝鮮は柔軟に変化に対応しようとした、といえる。海路利用を制限する要因には朝鮮の沿路邑の負担拡大という財政的要因や、後金との貿易に対する明の警戒、明将による略奪といった外交的要因も存在した。

ただ、朝鮮政府が海の利用とどのように向き合おうとしていたのか、といったことは本章で深く掘り下げることができなかった。このことは今後の課題としたい。

注

（1）『大明会典』（万暦刊）巻一〇五、礼部六三、朝貢一、東南夷上、朝鮮国条。

（2）明が海上交通・漁業などを規制して沿海部の治安維持や密貿易取締を図るために行った政策（檀上寛『明代海禁＝朝貢システムと華夷秩序』（京都大学学術出版会、二〇一三年）、一七一頁。初出は檀上寛「明代海禁概念の成立とその背景――違禁下海から下海通番へ」『東洋史研究』六三（三）、二〇〇四年一二月）。

（3）明の建国初期、洪武帝は高麗に海上より来る勿れといったことがあり（末松保和「麗末鮮初に於ける対明関係」『史学論叢　第二』（京城帝国大学文学会論纂一〇、岩波書店、一九四一年）、四〇～五二頁（のち『末松保和朝鮮史著作集五　高麗朝史と朝鮮朝史』（吉川弘文館、一九九六年）に収録））、高麗は海路で対明使節を派遣したことが幾度かあった。

（4）『高麗史節要』と『高麗史』を見る限り、高麗王朝において海路で明に使節を送ったのが最後に確認できるのは、辛禑九（一三八三）年八月に派遣された金庾である（『高麗史節要』巻三二、辛禑三、辛禑九年八月条および『高麗史』巻一三五、列伝四八、辛禑三、辛禑九年八月条）。

（5）鄭恩主は著書『조선시대 사행기록화――옛 그림으로 읽는 한중관계사』（사회평론、二〇一二年）の一〇〇～一〇一頁に表5「明清交替期対明海路使行」を掲げ、四〇件の使行を計上しているが、その表には瀋陽に赴いた対後金使節九件が混入しており、純粋な「対明海路使行」の表とは言いがたい。さらに光海君一三（一六二一）年の李必栄を計上していないこと、仁祖七（一六二九）年に往路で死亡して北京に到着しなかった尹安国を計上したこと、仁祖八年に使行が確認できない使節韓明勗を計上したという問題がある。筆者作成の〈表1〉は実際に北京までたどりついた使行だけを抽出している。なお陳慰使柳潤、進香使李必栄、謝恩使崔応虚が別個の使節であったとの指摘は鈴木開氏の教示による（鈴木開「辻大和報告へのコメント」『朝鮮史研究会会報』一九一、二〇一三年三月、八頁）。

（6）『光海君日記』（鼎足山本）巻一六四、光海君一三年四月甲申条。

（7）『攷事撮要』（韓国国立中央図書館所蔵。請求記号は한古朝九一・四〇）巻上、大明紀年、天啓元年条。この刊本は粛宗年間（一六七四～一七二〇年）刊と推定される。他に引用した版と区別するため、『攷事撮要』粛宗年間版とする。

（8）李民宬「朝天録」、趙濈「燕行録」、全湜「槎行録」、金尚憲「朝天録」の記載による。

（9）『仁祖実録』巻一八、仁祖六年二月癸卯条。なお鄭恩主は同条を引用し、この使節が朝鮮を仁祖五（一六二七）年に出航したのは石多山としているが（鄭恩主、前掲書、二〇一二年、一〇二頁）、同条には権らの朝鮮の出帆地の情報は記載されておらず、仁祖六年二月の朝鮮への帰航地が甑山であるとしか述べていない。

（10）申悦道『懶齋集』巻三、朝天時聞見事件啓、崇禎元年七月二八日丁亥条～同年八月初十日条。

（11）『仁祖実録』巻二〇、仁祖七年六月乙卯条。

（12）松浦章と鄭恩主は朝貢路を変更する決定について、『仁祖実録』巻二〇、仁祖七（一六二九）年閏四月丙子条を引いて袁崇煥の上奏があったために朝貢路を変更する決定がなされたと指摘し（松浦章「袁崇煥と朝鮮使節」『史泉』六九、一九八九年三月、二一頁および鄭恩主、前掲書、二〇一二年、一〇二頁）、袁崇煥の上奏の中身と袁崇煥以外の明官による朝貢路変更議論には言及していない。実際には以下にみるように仁祖七年閏四月以前から孫国禎によって明朝廷には提案がなされていた。

（13）「備局啓曰。伏見登萊巡撫孫國禎題本、其一條議改我國貢路。有云朝鮮與倭交和、萬一倭奴竊附貢使而來、國家之患不在山海而在登萊、不在奴酋而在貢使」（『仁祖実録』巻一九、仁祖六年七月己巳条）。

（14）『明史』巻二五九、列伝一四七、袁崇煥［毛文竜］条。

（15）申悦道『懶齋集』巻三、朝天時聞見事件啓、崇禎元年一二月三〇日条。

（16）申悦道『懶齋集』巻三、朝天時聞見事件啓、崇禎二年正月初七日癸亥条。

（17）『仁祖実録』巻二〇、仁祖七年閏四月丙子条には「中朝改定我國貢路由覺華島、從經略袁崇煥議也」（中朝が我が国の貢路を改定して覚華島を経由させた。経略袁崇煥の議に従ったものである）とだけあって、袁崇煥の上奏の具体的な内容は『仁祖実録』からは不明である。

（18）「先言、你國貢道、改由覺華島、此路決不可通。我當題請因舊登路矣」（申悦道『懶齋集』巻三、朝天時聞見事件啓、崇禎二（一六二八）年閏四月九日甲子条）。

(19)『仁祖実録』巻二〇、七年四月辛卯条。

(20)『通文館志』巻三、事大、中原進貢路程、航海路程条。徐仁範は最大の六隻の場合は冊封奏請使のように特別な目的のときであったとしており(徐仁範(渡昌弘訳)「朝鮮使節の海路朝貢路と海神信仰――『燕行録』の分析を通して」吉尾寛編『東アジア海域叢書四　海域世界の環境と文化』(汲古書院、二〇一一年)、八四~八五頁)、鄭恩主は正使と書状官だけで構成される使行の場合のみ四隻であり、それ以外は六隻であったとするが(鄭恩主「明清交替期　對明　海路使行記録画研究」『明清史研究』二七、二〇〇七年四月、一九八頁)、いずれの場合も〈表3〉と行程の記録をみる限り、そのような判断を行うのは早計であると考えられる。

(21)孫兌鉉『増訂　韓国海運史』(暁星出版社、一九九七年)、九九頁。孫兌鉉は長興高氏門中所蔵の高用厚『朝天録』を用いており、筆者は未見である。

(22)洪鎬『無住逸稿』巻四、朝天日記、崇禎五年七月一六日壬子条。洪鎬は崇禎五(一六三二)年に謝恩兼奏請使洪霶の書状官として北京に赴いた。同年六月一日に漢城を出発し、同月一三日に平壌に到着した。七月一六日に石多山を船で出発し、九月四日に寧遠に到着した。その後陸路により十月四日に北京に到着し、北京には翌年二月以降まで滞在し、五月に帰国した。

(23)「京江所定船不來、故擇湖西水營船先到者一隻、及本浦留船一隻、黃海道載糧船一隻爲先粧載」(趙濈『燕行録』、天啓三年八月二四日壬午条)。

(24)『新増東国輿地勝覧』巻二〇、忠清道、保寧県、関防条。

(25)中悦道『懶齋集』巻三、朝天時聞見事件啓、崇禎元年七月二〇日己卯条。

(26)『大典続録』巻二、戸典、唐物貿易条。

(27)許泰玖「一七세기　朝鮮의　焰硝貿易과 火薬製造法 발달」『韓国史論』四七、二〇〇二年六月、二一九~二二三頁。

(28)米谷均「一七世紀前期日朝関係における武器輸出」藤田覚編『一七世紀の日本と東アジア』(山川出版社、二〇〇〇年)、四三~四八頁。

(29) 趙濈『燕行録』、天啓四年二月二二日丙午条。

(30)『国権』巻八三、神宗万暦四六年六月辛酉条。

(31)「貿米于登州。時久旱民饑、而遼民接濟専辨我、朝廷憂之。李廷龜啓于筵中曰。今聞登州三錢之銀直米八斗、粟米則倍之。都督貿餉之銀、多在關西。以此貿米於登州、則可以拯此大無之患、而兼且接活遼民矣。朝天使臣所乘船隻、虚繫登萊、毎至經年。可以其船、一二次轉運於使行未還到之前矣事」（『仁祖実録』巻六、仁祖二年五月戊辰条）。

(32)「下備局。備局回啓曰。請移咨都督及登州軍門而行之。上從之」（『仁祖実録』巻六、仁祖二年五月戊辰条）。

(33) 田川孝三『毛文竜と朝鮮との関係について』（『青丘説叢』三、今西竜発行、近沢印刷部（京城）印刷並発売、彙文堂書店（京都）発売、一九三二年）、五三～八四頁。

(34) 권내현『조선후기 평안도 재정 연구』（지식산업사、二〇〇四年）、八三頁。

(35)『仁祖実録』巻八、仁祖三年三月乙亥条。

(36) 全湜『沙西集』巻五、雑著、槎行録。

(37) 全湜『沙西集』巻五、雑著、槎行録、天啓乙丑九月一七日壬戌条。

(38)「以南風向往皇城島、其快如飛。書狀船及三船、望見上船皆擧帆追來、四船與管餉船先往前去」（全湜『沙西集』巻五、雑著、槎行録、天啓丙寅（一六二六）四月三日乙亥条）。

(39)「晴、臣等乘船于浿江。査點一行員役及梢工水手、分屬各船。船凡四隻、而貿販船則據平安監司臣金起宗移文、稱以第五船、譯官則稱以射手、錄于計開咨文中」（申悦道『懶齋集』巻三、朝天時聞見事件啓、崇禎元年七月二九日戊子条）。

(40)『仁祖実録』巻九、仁祖三年五月丁巳条。

(41)『仁祖実録』巻一七、仁祖五年一一月癸酉条。

(42)『遼東志』巻四、典礼志、夷人入貢、朝鮮入貢条（『尊経閣叢書　遼東志』（高木亥三郎発行、一九一二年）、二六九頁所載）。なお『遼東志』は遼東都指揮司僉事を務めた畢恭が、弘治元（一四八八）年に編纂した遼東地方に関する地方志であり、嘉靖一六（一五三七）年に重刊された。今回引用するものは前田育徳会尊経閣所蔵の嘉靖一六年重刊本（全九巻）の翻刻本であり、一九一二年に同会より刊行された。

(43) 李弘冑『梨川相公使行日記』(韓国国立中央図書館所蔵、請求記号は한古朝六三―三) 末尾の名簿で集計した。

(44) 「一自海路赴京之後、挾帶物貨、比旱路甚便、故前後使行員役、率多市井牟利之輩、其見侮中國、不可勝言。請嚴立科條、俾無冒往之弊」(『仁祖実録』巻六、仁祖二年五月己巳条)。

(45) 「自前譯官等、越江後則不顧事體、惟利是貪云矣。今果然矣。軍官持物貨者、與譯官一般也、終日奔走於市上、公幹一時専然忘却」(趙濈『燕行録』、天啓三年十月初六日条)。

(46) 「詣闕謝恩。始開市。譯官中官等、乘夜越墻潛出、入暹羅使所舘、潛買錦段而來。舘夫知之、告于提督。提督使序班往捜暹人卜物、則果有人參四十六兩」(李晩栄『雪海遺稿』巻三、崇禎丙子朝天録、崇禎丁丑〔一六三七〕三月三〇日条)。

(47) 李晩栄『雪海遺稿』巻三、崇禎丙子朝天録、崇禎丁丑四月初八日条。

(48) 劉家駒『清朝初期的中韓関係』(文史哲出版社、一九八六年)、七～一六頁。

(49) 森岡康「丁卯の乱後に於ける贖還問題」『朝鮮学報』三二、一九六四年七月。

(50) 『仁祖実録』巻一七、仁祖五年一二月戊午条。

(51) 「都承旨金尚憲啓曰。(中略) 且戸曹磨錬禮單物件內、有各色有紋大段。臣前日赴京時、得聞進貢西㺚等欲貿大段、而中朝嚴立禁令、外國人不許貿易。故舘夫雖貪重利、終不敢公然買賣云。我國譯官輩、亦冒禁買來、今者反用於胡中贈給、則殊非二百年謹守天朝法令之意」(『仁祖実録』巻一八、仁祖六年五月己丑条)。

(52) 『仁祖実録』巻一九、仁祖六年一二月丙申条。

(53) 『仁祖実録』巻一七、仁祖五年一二月庚申条。

(54) 「左參議楊紹震言、你國事機、與前有異。硝黄弓角、不可容易許貿。必得提督許貿公文、然後方可准許云」(申悦道『懶齋集』巻三、朝天時聞見事件啓、崇禎二年三月初五日辛酉条)。

(55) 「初更、進香第三船過去。因見譯官鄭愼男等、得知進香使行昨果經過。而登州卜物被奪之說、亦不虛矣」(申悦道『懶齋集』巻三、朝天時聞見事件啓、崇禎元年九月初三日庚申条)。

(56) 申悦道『懶齋集』巻三、朝天時聞見事件啓、崇禎元年九月二三日庚辰条。
(57)「夕抵黃縣、見留登團練使文告。毛差船十餘隻、三月初到登州、搜括各船劫奪什物。又取第五船、載糧先送于皮島、登極使所留船隻、幷爲奪去、待使臣還登、偕往皮島云」(申悦道『懶齋集』巻三、朝天時聞見事件啓、崇禎二年閏四月初三日戊午条)。
(58) 毛文竜は使行船のほかに、仁祖六(一六二八)年に朝鮮の管餉船も奪っており、彼は朝鮮の商人が使行に潜入し、後金と通交していることを奪取の根拠としていた(『仁祖実録』巻一九、仁祖六年九月丙寅条)。
(59)『仁祖実録』巻二三、仁祖八年七月丁酉条。
(60)『仁祖実録』巻一九、仁祖六年一二月丁未条および田川孝三、前掲書、一九三二年、六八〜六九頁。
(61)「戸曹啓曰。(中略)我國則京外商人雲集椵島、齎持銀蔘換貿物貨者不可勝數。而官家未嘗有一箇收税」(『仁祖実録』巻一九、仁祖六年一二月丁未条)。
(62)「赴京行次、還越江之日、不時別遣御史擲奸」(『大典後続録』巻五、刑典、禁制条)。
(63)『経国大典』巻五、刑典、禁制条。
(64) 趙濈『燕行録』、天啓三年八月二九日丁亥条。
(65) 全湜『沙西集』巻五、雑著、槎行録、天啓乙丑八月二四日庚子条。
(66) 李晩栄『雪海遺稿』巻三、崇禎丙子朝天録、崇禎丙寅七月一六日条。
(67)「搜銀御史金時讓馳啓曰。近來蔘禁雖嚴、而既是厚利之源。市井之冒赴者甚多、今此謝恩使之行、臣馳到乘船處、搜檢禁物、則松京人金得吉稱以軍官、所挾銀子現出者四百餘兩。商賈李福朴許龍等亦爲稱一行奴子、而知幾潛匿、終不得括出。金得吉囚于郭山、被捉銀兩照數留庫、以待處置云。而朝廷終不正其罪」(『仁祖実録』巻六、仁祖二年七月壬午条)。
(68)『仁祖実録』巻五、仁祖二年四月甲申条。
(69)『仁祖実録』巻九、仁祖三年四月癸未条。
(70)『仁祖実録』巻九、仁祖三年五月乙卯条。

(71)「時權啓李德泂呉翽輩、公然受賂、一人所率多至二十五人、人皆唾鄙。時議以搜銀御史、摘發買人于德泂之行、沒其財而治其罪、人多快之」(『仁祖実録』巻六、仁祖二年五月己巳条)。
(72)趙濈『燕行録』、天啓三年八月二九日丁亥条。
(73)『仁祖実録』巻九、仁祖三年四月丙午条。
(74)『仁祖実録』巻九、仁祖三年五月丙辰条。
(75)「早朝參將陳良謨、遣其中軍王勝、要一行員役梢工水手及各船所載物件一一開錄。臣等以前無規例、爭之」(申悦道『懶齋集』巻三、朝天時聞見事件啓、崇禎元年九月一一日戊辰条)。
(76)洪鎬『無住逸稿』巻四、朝天日記、崇禎五年九月一一日丙午条。
(77)金堉『潜谷遺稿』巻一四、朝京日録、崇禎丁丑四月初八日および同年同月初九日条。

第五章　朝鮮の対後金貿易政策

はじめに

本章は仁祖六（一六二八）年から仁祖一五年にかけ、朝鮮が後金（仁祖一四年から清）との貿易において行った政策を明らかにする。朝鮮は仁祖五年に後金の侵入を受けて（丁卯の乱）後金と講和を結び、仁祖一五年には清の侵入を再度受けて（丙子の乱）、清に服属した。

仁祖五年に講和を結ぶまで、朝鮮は後金とは通交および貿易を行っていなかった。しかし講和が結ばれると、朝鮮は後金に使節を定期的に派遣し、開市（互市）貿易も行うようになった。光海君五（一六一三）年に朝鮮と明との間で行っていた中江開市が廃止された後、朝鮮は中朝国境地帯で開市を行っていなかったが、仁祖六（一六二八）年に朝鮮は後金との間で中江開市を再開した。使節派遣と開市が併存する状況が再現されたのである。そのような状況の中で、朝鮮が後金（清）に対して仁祖六年から仁祖一五年にかけてとった貿易政策の内容やその要因を明らかにすることが本章の目的である。

本章ではまず第一節で朝鮮・後金間の貿易の形態を整理した上で、第二節で朝鮮が対後金貿易においてとった政策の内容を論じ、第三節ではその背景を論じる。

一　朝鮮・後金間における貿易の形態

後金は光海君八（一六一六）年にヌルハチによって建国された。ヌルハチが仁祖四（一六二六）年に亡くなり、その子であるホンタイジが第二代汗として即位すると、仁祖五年二月に後金は朝鮮に侵攻した。後金軍が朝鮮国内への侵入に成功すると、朝鮮は狼狽して和平交渉を開始し、三月に両国は講和を結んだ。そのなかには両国の相互不侵、国境遵守、礼物（貢献）の条項が入っていた(1)。講和を受けて朝鮮は使節を後金に送るようになったが、後で見るように使節は貢献とともに貿易を行った。また両国は国境での開市を行うようになった。

本節では朝鮮使節の礼物、国境での開市、両国使節による貿易について、それぞれの形態が成立した過程を考察する。

1　朝鮮使節による礼物

礼物には朝鮮国王が定期的に派遣した使節が携帯した礼物と、臨時の使節が携帯した礼物の二種類があった。仁祖五（一六二七）年二月の講和交渉の際に、後金側代表団の一員であった劉海が一定額の歳幣（年例の礼物）を後金に送るよう朝鮮に求めたのに対し、朝鮮は贈り物は友好の情を主とするものであり、強要するものではない、として歳幣を回避しようとした。この講和交渉は妥結せず、同年三月の交渉の際にも後金から歳幣の要求があったものの、朝鮮はそれを拒否しようとした(2)。

その後実際には朝鮮は使節の派遣時に礼物を後金へ必ず送った。講和直後の仁祖五年六月に朝鮮が後金へ派遣した使節は朝鮮国王の書と方物を持参した[3]。その時の方物を『朝鮮国来書簿』から見てみよう。〈表1〉は同書に収録される、仁祖六（天聡元、一六二八）年七月一〇日に後金に到着した朝鮮使節の持参品の礼単である。〈表1〉の礼単に含まれる物品は朝鮮特産品が主であるが、丹木（東南アジア産の蘇木）、胡椒など朝鮮産でないものも少数含まれている。いずれも後金では貴重な物品が中心である。

その後の礼物を見てみると、少なくとも春季と秋季に定例化した贈り物が確認でき、江嶋壽雄はそれを年二回の歳幣であったと見ている[4]。しかし『朝鮮国来書簿』にはその方物は「歳幣」とは記載されず、その額は毎回の使行の度に変動したことが確認できる。

〈表 1〉礼物の品目一覧

白綿紬 50 匹	豹皮 8 張	短剣 5 柄	鞍具 2 部
白苧布 50 匹	霜華紙 80 巻	長槍 2 柄	丹木 100 斤
紅色布 50 匹	油芚 4 部	弓子 1 張	胡椒 8 斗
青色紬 50 匹	花席 15 張	弓袋 1 部	
青布 400 匹	油扇 100 柄	大箭 10 箇	
虎皮 4 張	長剣 5 柄	馬 2 匹	

『朝鮮国来書簿』、天聡元年 7 月 10 日条より作成。

2　開市

仁祖五（一六二七）年三月の講和では、朝鮮と後金両国は国境の厳守と相互通交を定めたものの、両国間での開市は定めなかった[5]。しかし講和後も後金は義州を占領し続け、撤退する条件として開市を要求したため、朝鮮は仁祖六（一六二八）年二月二日までに開市を認めた[6]。そして同年同月中に第一回の開市が義州で行われ、朝鮮から後金へ米が三〇〇〇石送られた[7]。また同年三月、後金のイングルダイ（inggūldai／竜骨大）が義州対岸の鎮江を商人とともに訪れ、食糧の供給を義州に求めた[8]。後金はさらに北方国境に位置する咸興道会寧での開市を求め、朝鮮は仁祖六年九月までに会寧での開市を認めた[9]。しかし会寧に朝鮮の商人は集まらず後金の不満を募らせた。朝鮮の言い分は次の後金側の記録である『旧満洲檔』中の次の記事にみえる。

二十七日に、朝鮮の使者が到着した。持って来た書の言。（略）義州で市を開き、平和のあるだけに何故惜しもう。ただ北境は絶遠で民は少なく財貨もない。加えて道も険遠で、二重の関が合わさり峠に遮られており、国内の商人はどうしてもといって行かない。いくら市を開こうとしても交易する財貨がない。(10)

この史料によると会寧は辺境であり、道が険しく財が少ないことが朝鮮国内の商人に敬遠されていた。開市をやむをえず朝鮮政府が認めたのは、丁卯の乱により被虜人として後金に連れ去られた朝鮮人の贖還が開市を通じてなされることに朝鮮政府が期待していたからでもあった。(11)

3　後金使節による貿易

後金が開市場に指定した義州および会寧に朝鮮商人と物資が集まらなかったことを受け、後金は朝鮮の国境より内陸に人を送り込んで貿易を行うようになった。たとえば仁祖六（一六二八）年一二月に後金の使節であるイングルダイは漢城を来訪し、(12)朝鮮から銀子八五両で紅柿や生梨などを買おうとした。(13)その際に一七世紀以降の朝鮮において事実上国防・外交に関する最高機関であった備辺司は、開市場以外の地における後金使節による貿易に対して次のような見解を示した。

備辺司が答えて啓した。「義州の開市はもとから約条があり、時期の限定は自ら約条に依って開市を行うべきです。しかし今日の状況は、以前とは頗る異なっており、毛文竜は〔陣営を〕設けており毎日間隙を見計らっていますので、意外な略奪の恐れは、実に深く憂慮すべきことです」(14)。

これによると、備辺司は義州の開市について約条に従うべきであるとする。ただ状況が変化したこと、特に毛文竜が略奪する恐れがあることから貿易に懸念を示していた。仁祖八年にも備辺司は開市場以外での後金による貿易に対して懸念を示した[15]。そもそも後金が年四回開市を実施することを朝鮮に求めたのに対し、朝鮮は年二回に縮小して開市を認めた経緯があった[16]。そのため後金使節は開市の実施回数の増加を朝鮮に求めていた可能性がある。

さて仁祖六年一二月の訪問の際、イングルダイらは朝鮮側に人蔘購入を強制して青布を買おうとした。その際の状況が次の史料に見える。

　後金の使節が人蔘四八〇余斤を出してきて、青布一万九〇〇〇余匹に換えることを要求した。市廛商人は力を尽くして多く集めたが、なお未だ〔要求された〕数に満たず、〔後金の使節が〕暴力をふるって狼藉をなした。市廛商人は胸を叩き声高に訴えた[17]。

ここではイングルダイが人蔘を代価に朝鮮から青布を買おうとしたことが述べられている。その青布の調達を漢城の市廛商人が担ったものの、指定量を集めることができなかったのだという。なお「青布」は明産の綿布名であり[18]、朝鮮では軍兵用に用いられていた[19]。多量が必要な場合、朝鮮は明将の毛文竜が占拠する椵島（皮島）から青布を輸入していた[20]。そのため後金の急な要求への備えが朝鮮政府には備蓄されていなかったものと考えられる。一方人蔘は後金南部の長白山一帯が特産地であり、一七世紀はじめから人蔘の調達に苦心していた朝鮮にとって[21]、後金の人蔘は大きな魅力であったと考えられる。

その後イングルダイらは漢城からの帰路、平壌に至り、銀百両余を送って、馬匹に換えることを朝鮮側に要求した。朝鮮側は一夜で十匹の馬を購入することが難しく、平安道観察使であった金起宗は自分の馬を贈った[22]。

ほかの後金使節も朝鮮との貿易を求めた。仁祖一二（一六三四）年一一月に漢城を訪問した後金のマフタ[23]（mafuta／馬夫達）は、持参した銀子九〇〇余両で諸色の錦段、黍皮（貂の毛皮）と紙、各様の彩色（顔料）、各種の薬物や緞子を求めたことがあった[24]。

また仁祖一三（天聡九、一六三五）年四月にもマフタは後金の商人を率いて、銀一万七四七五両と人蔘七六斤を持参し、漢城を訪問した(25)。その際、マフタは漢城で全額を取引することができず、帰路に平壌で貿易を行った(26)。

以上のように朝鮮政府は後金の臨時使節が開市場以外で貿易を行うことに対して消極的に対処した。後金汗に宛てた国書のなかで、朝鮮国王は次のように述べている。

朝鮮国王が金国汗に書を致す。（中略）先年約条を定めたときは、ただ我国の使臣の一行だけが、例として商人を帯同し、両国の貿易に資することができた。貴国の使臣も、また商品を所持することがあって、辺境で貿易することを求めたことがあった。私は初めは前約と違うことがあることから訝しんだが、〔貿易が〕続いてこれを考えるに、これもまた道理を損なうことに至らなかった。しかし春秋の使臣のほかに、また貴国の使臣が商品を持参して出来することは、頗る限りがなく、持ちだす商品を得られない。弊国の物産では誠に応じることができない(27)。

朝鮮国王によると、そもそも朝鮮の使節だけが商人を帯同して貿易を行うことができると約条したにも関わらず、後金使節も貿易を行おうとしている。また春秋の使臣以外に後金の使者が貿易することに対しては、朝鮮の物資が不足してしまうという。このように朝鮮国王は後金使節による規定以外の貿易活動に批判的であった。前述したように、後金が欲する物資を朝鮮側では調達しきれないという状況があったためと考えられる。

4　朝鮮使節による貿易

前節の朝鮮国王の書に見られるように、朝鮮使節が後金に赴く際に、彼らが商人を帯同することは認められていた。仁祖八（一六三〇）年の朝鮮の使節に帯同した員役（属吏）は青布と南草（タバコ）を後金に持参した(28)。タバコは日本から流入し、光海君一四（一六二二）年ごろまでに、朝鮮南部を中心に栽培が爆発的に増加していた[29]。ただ認定された貿易のみを朝鮮使節が行っていたわけでもない。仁祖一三（一六三五）年、朝鮮政府内で官僚を糾察する任務にあった司憲府は次のように密輸を報告した。

司憲府が啓して言った。「祖宗の法制では国境は整然と区切られており、事大交隣で使者は冠をかぶり馬車は覆いをして往来していても、一人として密かに国境外に出ることは許さなかったのは、思うに災禍を恐れることが深かったためです。今朴簪の一行は、朝廷が既に商賈を帯同する数を定めたにも関わらず、義州府尹の林慶業が、すなわち敢えて朴簪渡江の後に、ひそかに商人と商品を送り込み、深く瀋陽に入れました[30]」。

この史料によると、後金に赴いた朴簪の一行の場合は、約条で認められていた商人の人数を無視して、義州府尹林慶業が一行の中に商人と商品を紛れ込ませたのだという。このようにしてみると、朝鮮が後金との貿易で一方的に被害を受けていたわけでもないことがわかる。朝鮮には使節が両国を往来する機会を利用して貿易に関与した官が存在した。

以上のように、仁祖五（一六二七）年の講和締結に際し、朝鮮は後金から歳幣の要求を受け、講和後に礼物を送った。続けて朝鮮は後金から開市の要求を受け、両国の国境に位置する平安道義州と咸鏡道会寧で開市を行うようになった。しかし開市には朝鮮の商人と商品は集まりにくく、後金使節は漢城や平壌など朝鮮内地に入った際に貿易を行った。朝鮮は後金との商取引に消極的であったが、自国使節が後金に入る場合には商人を帯同させており、貿易を行う官もいた。

二　朝鮮政府の対後金貿易政策

1　礼物への施策

朝鮮が後金への礼物に対してどのような施策をとっていたかをここでは検討する。

まず後金による対朝鮮貿易の目的から把握しておきたい。後金は朝鮮との貿易を通じて明との戦闘に備えることを大きな目的としていたと考えられる。後金は光海君八（一六一六）年から明との戦闘を続けており、明と貿易が行えなかった。仁祖九（天聡五、一六三一）年の段階では後金汗（ホンタイジ）は明からの戦利品や、朝鮮との貿易で得た財貨を用いて蒙古から馬を購入し、明との戦いを準備したと認識していた(31)。実際、朝鮮との貿易は後金の国家的事業として行われていた。例えば後金で朝鮮との貿易を担当したイングルダイは財政を掌る戸部の長官（承政）であり(32)、マフタは戸部の次官（参政）を務めた(33)。こうした後金の貿易目的を朝鮮の備辺司がどのように理解したのかについては、仁祖一一（一六三三）年の史料に次のような記録がある。

備辺司が啓して言った。「金汗の答書を見れば、その目的は財貨を増やすことにあるようで、盟をたがえることにはないようです(34)」。

この史料では後金の目的は財貨を増やすことである、と備辺司が分析している。つまり備辺司は後金による対朝鮮貿易の目的が国富蓄積にあることを把握していたと考えられる。

こうした対後金認識を踏まえた、朝鮮による礼物への実際の対応を次に検討する。具体的に、後金での仏教寺院修復に関して仁祖一三（一六三五）年に行われた朝鮮からの礼物の例を見てみたい。仁祖一三年八月に、後金の旧都であったイェンデン城（興京城、ヘトアラのこと）での仏寺補修と、チャハル部からもたらされた仏像を祀る仏寺建設のために後金は朝鮮に資材を求めた。そのことについて『仁祖実録』には「弊邦〔後金〕の寺はすでに建設しているが彩画〔の材料〕が欠乏しています。これは敬仏に関わるので、願わくは遅滞や誤りがありませんように云々」としか記載がないが、[35]後金側史料には国書の詳しい内容が次のように記載されている。

Aisin 国の Han の書、朝鮮国の王に送った我のもとの故郷 Yenden 城の寺壊れた処を新しくし謹しみ修理するまた Monggo の大元の世祖 Kūbilai Han の時に Bakspa Lama の千両金で鋳た仏を Tanggūt 国から Šarba Kūtuq-tu Lama 持って来て大元の太祖 Cinggis Han の後の世孫 Cahar の Lingdan Han にあった。Cahar 政道壊れて国人皆降り来その仏を持って来る：時また一種の宝飾った仏持って来ている。その仏に今謹しみ寺造る用いる薬ない。これ我自身に用いるものでない。約束の限った商売またない。仏を敬うこと王またこの義を明らかに知る。入用な薬を遅らせせず合わせせて送れ。

粉三十斤　靛花　二十五斤　藤黄十斤　石黄十五斤　石青二十四斤一半　紅五百斤　大飛金

五十櫃　白蠟十斤　松香六斤。[36]

これによると、イェンデン城での仏寺補修と、リンデン・ハンのチャハルからもたらされた、大元のフビライハンのときにパスパラマが造らせた仏像を祀る仏寺建設のために朝鮮に、顔料の粉、靛花、藤黄、石黄、石青、紅、大飛金、白蠟、松香を求めたことがわかる。

一五九三年にチャハル部に生まれたリンデン・ハンは一六〇三年にハンに即位し、一六一七年にチベットから高僧ダクチェン・シェルパ・フトクトを招いて灌頂を授かっており、その際にこの史料で触れられているパクパ（パスパ）が鋳造した仏像がチャハルにもたらされた。[37]モンゴル族はチベット仏教を信仰しており、一五七八年にはアルタン・

ハーンがチベットの高僧ソェナムギャムツォを青海に招いて仏教を復興していた(38)。そのため建国まもない後金にとって仏寺を修建することはモンゴル・満洲・漢の民族を統合するために必要だったとも考えられる。

この後金の要求に対し、同年一〇月に朝鮮は後金の使節に託して顔料を送った。以下の朝鮮国王書は、現在は台湾の中央研究院歴史語言研究所に所蔵される文書であり、顔料の送り状である(39)。

朝鮮国王が金国汗に答書する。貴国の派遣官が平壌に至り、国書を送り届けた。貴国が、仏寺を補修しまた大元の仏尊を得たことを承った。これは天が慈悲の教えを貴国の人に授けたものである。求めるところの顔料は別紙に記載して差し上げる。その中の大緑と石青の二種は市に求めようとしたが得られなかった。ここではまだ送って助けていない。幸いに思いやりと信義を思う。［天聡九年九月初九日董得貴が齎した書(40)］

この史料から、朝鮮が後金の要請に応えて実際に顔料を送ったことが分かる。そのなかで送った顔料と送らなかった顔料の二種類があったこともわかる。大緑と石青の二種は市に求めたが得られなかったというのは、朝鮮政府が顔料を市廛に求めたものの、調達ができなかったためと考えられる。後金の要求に対し、朝鮮は完全に応えてはいない。朝鮮は礼物送付に際し常に後金の要求に応えていたわけではないことを示す一例といえる。

以上のように、後金は朝鮮との貿易によって国富を蓄積するという目的があり、朝鮮へ貿易のために派遣された官は財政担当の戸部の上級職が務めていた。朝鮮の備辺司は後金の貿易の目的を把握していた。後金への礼物に対する朝鮮の対応を見てみると、後金から仏寺修建のための顔料が朝鮮に求められたことがあったが、その際には朝鮮は送付したものと送付しなかったものの二種類があった。

2　開市に対する朝鮮の施策

次に朝鮮政府による開市に対する施策について分析する。朝鮮政府が後金との間で承認していた年二回の開市において後金との間で紛争が生じたことがあった。それに関して以下、価格決定を巡る紛争と、商人の不正に対する施策について検討する。

① 価格決定をめぐる紛争

朝鮮と後金が開市場で取引する価格に対して、朝鮮側は不満を持つことがあり、特に仁祖九（一六三一）年から仁祖一二（一六三四）年にかけて大きな問題となった。問題の発端は仁祖九年四月にイングルダイ一行が義州の開市場で朝鮮商人から不当に安く商品を買ったことにあった。そのことに関する義州府尹と宣諭使の報告は次の通りである。

義州府尹の申景玬と、宣諭使の朴蘭英が急報して啓した。「開市の時竜骨大が商品の価格を安く定めることは、掠奪と異なることがありません。さらに〔竜骨大が〕怒っていうことでは『我らは先に牛馬売買のことを言ったのに、牛はわずか五〇頭であり、馬は全く市に出ていない。我らの望むところは、貨物を載せて運ぶことに過ぎない。もし終始許可しないのであれば、貨物を江岸に留置し、まさに数百人でもって、安州や平壌などの地に直接入って、馬匹を得て来ることを期することになるぞ』、ということでした」[41]。

ここでは義州府尹が、イングルダイが商品を安く買い付けたと報告した。そして続いてイングルダイが、市に出た牛の数が五〇頭と少なく、馬が市にでていないことに怒ったと報告したことがわかる。これを受け、朝鮮は同年（天聡五）八月に価格問題について後金に抗議を行った。その抗議の内容が盛り込まれた国書が後金側の史料『朝鮮国来書簿』に収録されている。その国書の内容は次の通りである。

開市の流通は、平価で貿易を行って、利が偏ったり害が偏ったりするしないようにすべきであり、そうであってこそ久しく行うことができて弊害がない。このごろ義州開市の時、貴国の使者が、強さを頼んで意気高く、多く非理をなし、或るものは安く価値を抑え、或るものは馬畜を略奪した。もし青布を商品とし、我が方の商人が瀋陽に至れば、その価値は甚だ重く、貴方の商人が弊国の首都に至れば、その価値は甚だ軽い。もし国境で互市をすれば、その中間の値を採ってその半分を得るべきである。今商人を脅し、価格を定めるに甚だ軽くするので、商人は恨みを叫ぶのに極まりがない。(42)

これによると、朝鮮国王は開市での取引は「平価」で行われるべきであるとし、義州開市において後金の使者が安く取引し、馬畜を略奪したことを非難した。そして青布の価格は瀋陽が最も高く、漢城が最も安く、国境（義州）で取引するのであればその中間の価格で取引すべきであるとする。前述したように青布は明産の綿布であり、椴島を通じて朝鮮に明からもたらされていた。そのため瀋陽より漢城の価格が安かったのであろう。この朝鮮からの抗議に対し、後金は同年閏一一月に返答を行った。その返答は朝鮮の『仁祖実録』に次のように残されている。

金国汗が書を朝鮮国王に致す。（中略）また義州で価格を抑えたこと（勒価）と会寧での要求について言う。我が人に我を欺く者がおり、王の人に王を欺く者がいる、これは厳しく追求せざるを得ないことである。本当にこの事があれば、それは両国の和好をそこなう。王はまさに義州の該当する官員に文を送り、勒価をした者の姓名並びに略奪した馬匹の毛色の詳細を調査して書に記入してもたらすべきである。(43)

この後金汗から朝鮮国王への返答によると、後金汗は朝鮮国王に対して義州での安値買い取り（勒価）および馬匹略奪に関する詳しい状況報告を求めた。問題の解決はまだ行われていない。

その後も朝鮮は引き続き後金に価格問題を提起した。仁祖八（天聡五、一六三〇）年一二月には後金汗へ朝鮮国王が送った国書のなかで、朝鮮国王は朝鮮に嘘をつく者がいないとは限らないとした上で、後金の方が朝鮮より強国であることから、強者が弱者に強い行動に出ることがあると述べ、後金の安値購入、略奪を暗に非難した(44)。結局この価格決定をめぐる問題はどのように解決がなされたか確認できないものの、朝鮮は後金との開市においては朝鮮商人の利益を保護するよう、後金に対して継続的に求めていたことがわかる。

② 開市における朝鮮商人の不正への施策

一方で朝鮮商人が後金との貿易において、一方的に被害を受けていたわけではなかった。そのような場合の朝鮮政府の施策を次に見てみたい。

たとえば後金が朝鮮商人から受けとる物品が不正に変えられる事件が仁祖一二（天聡八、一六三四）年に起きた。同年に後金汗が朝鮮国王に送った国書の内容が『内国史院檔』に残っており、その内容を知ることができる(45)。

また詔書の言葉「朝鮮国の李倧王に下した。商品を取引することは両国の信頼し暮らすよい道であるぞ。あらゆる貨財を、公正に取引すればよいであろう。緞子・布を端切れとしている。一束の紙に六・七張不足している。我らが『どうして不足して取引しようか』と言えば、汝らの商人の言葉は『漢人が不足にした』である。確かに緞子や毛青は漢から産出するであろう。白布や紙もまた漢から産出するか。このようなことを王はよく考えよ(46)」

ここでは後金に朝鮮商人が販売した朝鮮産の緞子や布の質が低く、紙の数量が不足していると指摘した上で、「漢」の産品であるモチン（毛青）(47)が不足していることを言い訳にしないように、と後金汗が朝鮮国王に抗議している。これに対し朝鮮国王は後金汗に謝罪の国書を送った。その内容は次の史料の通りである。

二七日に朝鮮国王李倧の上した表文の言葉「李時英が帰還してきて、上国が下してきた詔書を見ると、交易する時に、弊国の者が緞子・布を抜き取り、紙も数量を満たさないと聞いて、我たまらなく恥じ、驚いている。ただ弊国の商人は、兵士や民人と同様ではないので、一定の住地がない。利益があればすぐに行く。いくら禁令や法で行おうとしても、やはりできない。これらの者の悪行を我はいつもにくむ。国の習慣がこのようなので、我は認めざるをえない。ただこれらの者も人間であるぞ。どうしてあえて詐って、己の利益のために隣国をこのように欺こうか。我も部の大臣らを遣わして調べて、後日のために懲戒したい。(48)

このように朝鮮は後金に謝罪したが、朝鮮商人の活動は流動的であり、利益追求の側面が強いとして商人取締の限界を訴えた。もちろん取締自体は行うとした。

このようなことから、朝鮮商人が後金との貿易において不正行為を働いた場合、朝鮮政府は後金に謝罪するものの、商人の取締を厳格に行うことまでは後金に約束していないことがわかる。

3　越境採蔘への施策

以上のような貢献や開市といった貿易のほかに、後金と朝鮮の間で問題になったのは、朝鮮人が国境を不法に越境して後金産人蔘を採取する行為（越境採蔘）であった。本来であれば後金との貿易によって朝鮮商人が後金産人蔘を輸入すべきであったが、朝鮮人による越境採蔘は後金産人蔘を不法に奪うものであった。以下では越境採蔘に対する朝鮮政府の取り組みを検討する。

朝鮮と後金の間の国境は鴨緑江と豆満江であった。その国境を民が無許可で越境することについて、仁祖六（天聡二、一六二八）年にすでに両国が厳罰処理することを約束した。その合意は次の後金史料から確認することができる。

Manju 国の Sure Han は、朝鮮国の王李倧に書を送り、「民が両国の境を越えてひそかに捕猟するのをよく査べて禁止せよ。秩序なく往来して事件が拡大しては困る。」といった。使者がやって来た書の言、「『互いに境界を

〈表2〉天聡9（1635）年中における越境採蔘事件一覧

報告の日付	事件の概要
天聡9年7月12日	Tulai Niru の Gaina が人参を取りに行き、人参を取りにきた朝鮮人4人を捕らえた。
天聡9年7月18日	Fiyanggu Niru の Busantai が人参を取りに行き、人参を取りに来た朝鮮人18人の内二人を捕らえた。
天聡9年8月1日	Jangsiha Antanu, Sahaliyan Otonggo が朝鮮から人参を取りに来たのを獲得して送ってきた。
天聡9年9月10日	江界白の Nio Ya Gagi が15人で人参を採取に来て、11人は逃げたが4人を Lafa の Daidu Bithesi が捕らえた。

『旧満洲檔』の該当日条にもとづいて作成。

厳重に監視しよう。ひそかに境を越えて往来するのを禁絶せよ。」という言は大いに尤もである」[49]。

ここでは後金汗が朝鮮に対し、無断越境を禁止しており、朝鮮から国境監視の提案があったことに言及している。しかしその後も国境侵犯の事例は数多く発生し、仁祖七年には朝鮮から後金に民が侵入し人蔘採集を行うこと（越境採蔘）が発生した[50]。後金は仁祖一一（天聡七、一六三三）年には朝鮮の越境採蔘者を捕えていた。次の史料にその事件の概要が見える。

同じその日、Solgo の江界、章土の二城から十一人が人蔘を掘りに来たのを、Lafa の者が捕えて送ってきた[51]。

ここでは朝鮮（Solgo）の江界、章土の者が人蔘を捕りに来て、後金側に拘束されたことがわかる。この後、仁祖一三（天聡九）年に越境採蔘が多発する。『旧満洲檔』で確認できる事例を〈表2〉に整理したが、〈表2〉によると天聡九年の四月から九月の間に五回、朝鮮人が越境採蔘を図って後金に摘発された。

こうした越境採蔘の多発を受けて同年九月に後金から朝鮮に抗議が行われたことは確実であり、同年一二月に朝鮮国王が後金汗に宛てた国書において、朝鮮国王が事件について次のように述べている。

来書に繰り返し繰り返し諭されたことは皆外と思わない貴心である。恩を蒙った恩を蒙った。越境して人蔘を採ったことはこの奸があってより以来貴国の叱責を屢々賜った。我は誠にこれを痛悪する。また思うに貧しい流民が間に乗じて利益に命を懸けて死を忘れてこのように行動するであろう(52)。

ここで朝鮮国王は越境採蔘に対して反省する意を示し、朝鮮の流民の行動の背景について言及した上で、一定程度越境採蔘に理解を示した。その後、翌年一月にも朝鮮は民に利があることを後金に認めつつ、越境採蔘を厳禁することを誓った(53)。

次に朝鮮の北方地方における越境採蔘多発の原因を検討する。次の仁祖一三(一六三五)年の咸興道観察使の報告の中に、越境採蔘多発の原因が言及されている。

咸鏡道観察使の関徽が急報して啓して言った。「碧潼等の鎮の居民三〇人余が、越境採蔘して、ついに被虜人となりました。思うに禁法が厳しいとはいっても、中央と地方の上部機関が貨物を送り、それで人蔘を購入させます。求めることが多いので、守令はやむをえず民間に〔代価を〕分けて給し、人蔘を交換して納めるようさせます。そのためその成り行きは法を犯さざるを得なくし、死を忘れて被虜人となるのだといいます(54)」。

この史料によると、朝鮮の中央と地方の政府機関が代価(貨物)を辺境の邑に送って人蔘を購入させ、守令が民に負担を転嫁させたため、民が越境採蔘に駆り立てられているという。朝鮮の政府機関の動きが越境採蔘を促進していたことになる。

違法な人蔘取引の利益は大きかったと見られ、このような人蔘取引の統制が朝鮮で求められるようになった。違法な人蔘取引に対する備辺司の認識は次の史料の通りである。

備辺司が啓して言った。「最近蔘商は納税が少ないのに、得る利益は多いです。故に国内の人が、争ってともに〔後金側に〕密入国する弊害は、ずっと禁ずることができません。収税を増やし、商利を奪うことで、禁令の一助とすることを請います」[55]。

この史料によると備辺司は、人蔘商人は納税が少なく、利益が大きいために、朝鮮国内の人が後金に密入国しているという認識を示した。そして人蔘取引への課税を増やして、禁令の一助とすることを求めた。

以上のように、貢献については、朝鮮政府は後金の要請に応える場合と応えない場合があった。開市場での取引においては、朝鮮政府は朝鮮商人が価格面で不利に置かれた場合は商人を保護するために後金と交渉を行った。一方で朝鮮商人の中に後金使節を騙して利益を得る者が発覚した際には、取締を厳格に行わず、越境採蔘の問題については政府機関が越境採蔘を促すことさえあった。ただ弊害が多くても貿易を中止したことはなかった。

三　朝鮮の対後金貿易政策の背景

前節で論じたように朝鮮政府は対後金貿易で朝鮮商人の利益を保護するために交渉を行っていた。それでは、朝鮮商人が不利益を被ることがあった対後金貿易を、朝鮮政府が中止しなかったのはなぜだろうか。この節では後金との貿易に朝鮮がある程度応じた背景について、論じる。

朝鮮は前述のように平安道沖の椵島を通じ、青布や緞子をはじめとする明の物資を輸入していた。さらに光海君元（一六〇九）年に朝鮮は対馬に通交を正式に許し、光海君三年から対馬から歳遣船が派遣され、日本の対馬との間の貿易が再開された。そのことで朝鮮に日本や東南アジアの産品が輸入されるルートが形成された。

朝鮮から後金へ贈られる礼単に入っていた胡椒と蘇木は朝鮮では産出せず、朝鮮は対馬から入手していた。対馬が己酉約条後に朝鮮に進上した胡椒と蘇木は、歳遣船一七艘と特送使船三艘でそれぞれ合計二〇〇〇両、三二八〇両であった[56]。また東萊倭館での公貿易においても胡椒と蘇木が水牛角と共に対馬から輸入された[57]。東南アジア産品は一六世紀以前に対馬へ博多商人の手を介してもたらされることがあったが[58]、一七世紀以後は対馬に博多商人やオランダ、イギリス商館からもたらされていたと考えられる。たとえば一六一四年に対馬を訪問したイギリス東インド会社平戸商館のリチャード・コックス（Richard Cocks）は、日本に輸入される胡椒はほぼ全量が朝鮮向けであり、彼が対馬に持ち込んだ胡椒が高い値で売れたと本国に報告している[59]。また蘇木はオランダ東インド会社が平戸にシャムから持ち込んだ記録がある[60]。後金は朝鮮が日本から物品を輸入する経路を持っていることを熟知していた[61]。

このように朝鮮は日本、明、後金の三者と貿易を行う窓口を持っていた。当時の東アジアにおいては明と後金は戦争状態であり、明および後金と日本は隔絶されていた。朝鮮だけがすべての周辺国と貿易を行うことができた。このような国際環境のなかで朝鮮は後金から特産物を入手でき、明や日本との間で中継貿易を行うことができた。

朝鮮は後金と明との間を中継する貿易を行ったが、その状況は後金にも把握されていた。例えば仁祖一三（一六三五、天聡九）年に金国汗が朝鮮国王に宛てた書のなかにも朝鮮が後金と明の間で行った中継貿易への言及がみられる。二〇日、Mafuta, Muhu に持たせて送った書の言。「金国 Han の返書を朝鮮国王に致す。（中略）礼物のことについて語ったことは一度や二度ではない。使者が来た回ごとに重ね重ね語り、書も送ったぞ。何故俄に語るというのか。まして財貨というものは恭敬を示すものである。定められた額に及ばずに減らして送るのは、それこそ王が贈幣を重くして、我を軽んずるものではないか。人蔘を元来一斤につき一六両と値を定めていた。漢が引き取らないと偽って値を減じて九両と値を定めた。また『送ってくる品物を原額通りに差出すには満たない』といっている。今、鉄山から捕えて連れてきた漢人に問うと、皮島に駐した漢人に王は遼船五〇隻を与えて、また一年の春秋二回に米二万六〇〇〇籠を与え、人蔘一斤につき二〇両を取るという[62]」。

この史料によると朝鮮商人が後金から価格一斤あたり一六両の人蔘を、嘘の理由により九両で獲得したのち、一斤二〇両で皮島（椵島）の漢人に転売したことを後金汗が問題視した。それ年以前から朝鮮商人は椵島に銀と人蔘を売っていた。戸曹が仁祖六年に行った報告のなかに椵島に朝鮮の商人が集まり、銀と人蔘を売っているとの話がある[63]。対日貿易を続けたことによる利点も朝鮮にあった。東萊の倭館で対馬向けの人蔘輸出が増加する一六四〇年代には、朝鮮は清との貿易を通じて人蔘の入手をすることが可能となっていた[64]。

以上のように朝鮮は明、後金、日本との間に貿易の窓口を持っていた。当時の東アジア諸国の中では最多の窓口数である。後金が明と戦争をしており、日本と隔絶していたことから、朝鮮からみれば後金は明産品、東南アジア産品、工芸品を輸出する格好の相手であり、人蔘を輸入できる存在であった。朝鮮が後金と貿易を継続する動機はここにあったと考えられる。

おわりに

本章では仁祖六（一六二八）年からの朝鮮の対後金貿易政策について論じた。その結果明らかになったことは次の通りである。

仁祖五（一六二七）年の盟約締結に際して、朝鮮は後金から貢献の要求を受け、結局礼物を送るようになった。続けて朝鮮は後金から開市の要求を受け、国境の平安道義州と咸興道会寧で開市を行った。しかし開市には朝鮮の商人と商品は集まりにくく、後金使節は漢城や平壌など朝鮮内地に入った際に取引を行うようになった。朝鮮は後金との商取引に消極的であったが、自国使節が後金に入る場合には商人を帯同させた。

礼物については、朝鮮政府は後金の要請に応える場合と応えない場合があった。開市場での取引においては、朝鮮政府は朝鮮商人が価格面で不利に置かれた場合は商人を保護するために外交交渉を行った。一方で朝鮮商人の中に後金使節に対して不正を働いた者が発覚した際には朝鮮政府は取締を厳格に行わず、朝鮮の政府機関の行為が越境採蔘を促進することさえあった。朝鮮政府は後金との貿易において弊害が多くても貿易を中止したことはなかった。

朝鮮政府が、消極的ながらも貿易を継続した姿勢の背景としては当時の国際情勢があると考えられる。朝鮮は明、後金、日本との間に貿易の窓口を持っていた。当時の東アジア諸国の中では最多の窓口数である。朝鮮からみれば後金は明産品、東南アジア産品、工芸品を輸出する格好の相手であり、明や日本への重要な輸出品である人蔘を輸入することのできる存在であったため、貿易を続ける動機があったと考えられる。

このようにしてみると、朝鮮は後金との貿易を活用して東アジア国際貿易の仲介者として振る舞ったということができるであろう。とりわけ後金が日本や東南アジアなどの海域にアクセスできない状況、明と戦争中であるという状況のなかで、中継貿易の担い手として存在していた。そのために朝鮮は後金との間で商品の取引価格を巡って何度も交渉したり、朝鮮商人の不正をそれほど厳格に追究しなかったりするなどの対応を行ったのだと考えられる。

注

（1）劉家駒『清朝初期的中韓関係』（文史哲出版社、一九八六年）、一四～一六頁。
（2）江嶋壽雄『明代清初の女直史研究』（中国書店、一九九九年）、四八〇～四八三頁。
（3）『朝鮮国来書簿』天聡元年七月一〇日条。
（4）江嶋壽雄、前掲書、四八五～四八六頁。
（5）『満文老檔』太宗天聡第四冊、天聡元年三月三日条。

（6）『朝鮮国来書簿』天聡二年二月初二日条および鴛淵一「朝鮮国来書簿の研究（一）」『遊牧社会史探求』三三、一九六八年三月、八〜一〇頁。
（7）劉家駒、前掲書、五一〜五二頁。
（8）『承政院日記』二〇冊、崇禎元年三月二八日庚申条。
（9）『仁祖実録』巻一九、仁祖六年九月甲申条。
（10）『旧満洲檔』閏字檔、天聡二年八月二七日条。
（11）森岡康「丁卯の乱後における贖還問題」『朝鮮学報』三二、一九六四年七月、九四〜九六頁。
（12）『仁祖実録』巻一九、仁祖六年一二月戊子条。
（13）『仁祖実録』巻一九、仁祖六年一二月辛卯条。
（14）「備局回啓曰。灣上開市自有約條、季朔之限自當依此行之。而但今日事勢、與前頓異、毛營設伏日俟□隙、意外搶掠之患、實深可畏」（『仁祖実録』巻一九、仁祖六年一二月辛卯条）。
（15）『仁祖実録』巻二二、仁祖八年二月丁丑条。
（16）『承政院日記』二一冊、崇禎元（仁祖六、一六二八）年五月一七日条。
（17）「胡差出給人蔘四百八十餘斤、責換青布一萬九千餘匹。市民等竭力湊合、猶未准數、鞭笞狼藉。市民叩心號訴」（『仁祖実録』巻一九、仁祖六年一二月丙申条）。
（18）鮎貝房之進「市廛攷（三）」『朝鮮』三三四、一九四三年三月。
（19）『承政院日記』二二二冊、康熙九（顕宗一一、一六七〇）年一〇月八日条。
（20）『承政院日記』二六冊、崇禎二年閏四月九日条。
（21）辻大和「一七世紀初頭朝鮮における人蔘政策の定立とその意義」『朝鮮学報』二一〇、二〇〇九年一月、六九頁。
（22）『仁祖実録』巻一九、仁祖六年一二月丁未条。
（23）『仁祖実録』巻三〇、仁祖一二年一二月庚戌条。

(24)『仁祖実録』巻三〇、仁祖一二年一二月辛亥条。

(25)『仁祖実録』巻三一、仁祖一三年四月乙巳条。

(26)『旧満洲檔』満附三、天聡九年五月二六日。

(27)「朝鮮國王致書金國汗。（中略）上年定約時、只敝邦使臣之行、例帯商賈、以資兩國通貨而已。乃者貴國使臣、亦有所持物貨。責貿於邊上。不穀初以有違前約爲訝、繼以思之、此亦不至害理。但春秋使臣外、亦有貴國差人持貨出來、頗無限節、勿得齎貨。敝邦物力誠無以應」（『朝鮮国来書簿』、天聡八年一一月二日到来分）。

(28)『乱中雜録』、崇禎三年二月初二日条。『乱中雜録』は壬辰丁酉の乱に参戦した南原の趙慶男によって書かれた歴史書であり、『大東野乗』に収録されている。

(29)『乱中雜録』、天啓二年正月条。

(30)「憲府啓曰。祖宗法制疆域有截、雖事大交隣冠蓋往來、而不許一人私出境外、蓋慮患之深也。今者朴簹之行、朝廷既定商賈帯往之數、而義州府尹林慶業、乃敢於朴簹渡江之後、潛送商貨、深入瀋陽」（『仁祖実録』巻三一、仁祖一三年一一月癸亥条）。

(31)『満文老檔』太宗第三九冊、天聡五年七月二八日条。

(32)『欽定八旗通志』巻一五六、人物志三六、英俄爾岱条によるとイングルダイは天聡五（一六三一）年に戸部承政に就任した。

(33)『欽定八旗通志』巻一四八、人物志二八、馬福塔条によるとマフタは天聡五（一六三一）年に戸部参政に就任し、天聡八（一六三四）年には戸部承政となった。

(34)「備局啓曰。即見金汗答書、其意似在増幣、而不在渝盟」（『仁祖実録』巻二八、仁祖一一年三月戊戌条）。

(35)「弊邦寺已處造苦乏彩畫、此係敬佛、幸勿稽誤云」（『仁祖実録』巻三一、仁祖一三年八月乙酉条）。

(36)『旧満洲檔』、天聡九年七月二五日条。天聡九年分の『旧満洲檔』の引用は神田信夫、松村潤、岡田英弘訳註『旧満洲檔天聡九年』二冊（東洋文庫、一九七二～一九七五年）の現代日本語訳に従った。以下同様である。

(37) 石濱裕美子『清朝とチベット仏教――菩薩王となった乾隆帝』（早稲田大学出版部、二〇一一年）、一四頁。

(38) 石濱裕美子、前掲書、五頁。

(39) 「朝鮮国王答金国汗書」中央研究院歴史語言研究所内閣大庫所蔵（台北市）、登録番号〇三八一三六。漢文部分の翻刻文が『明清史料』丙編一に収録されており（満文は脱落）、図版が『明清檔案存真選輯初集』（中央研究院歴史語言研究所、一九五九年）、瀋陽旧檔、図版四九、九七頁に収録されている。

(40) 「朝鮮國王答書金國汗。貴差至平壤、傳致國書、承貴國修建佛寺又得大元佛尊。此天以慈悲之教授貴國之人也、所要彩畫別錄以呈。其中大綠石青貳種求諸市上而不得。茲未送副。幸惟恕亮。天聰九年九月初九日董得貴齎　□□附　sure han i uyuci aniya i uyun biyai ice uyun de dongdu ui　gajiha　bithe」（「朝鮮国王答金国汗書」）。

(41) 「義州府尹申景珎、宣諭使朴蘭英馳啓曰。開市時龍胡勒定物貨之價、無異奪掠。且怒曰、我等先言牛馬買賣事、而牛則僅五十首、馬則全不出於市。我等所望、不過載運物貨。若終始不許、則留置物貨于江邊、當以數百人、直入安州平壤等地、期得馬匹而來云矣」（『仁祖実録』巻二四、仁祖九年四月丙辰条）。

(42) 「開市通貨、必須平價交易、無偏利偏害事、然後方可久行而無弊。頃日灣上開市時、貴國差人、恃強負氣、多作非理、或抑勒價値、或攘奪馬畜。如青布爲貨、我商到瀋陽、則價甚重、貴商到敝京、則價甚輕。若境上互市、則當酌取其中方得其平。今則劫制商人、定價甚輕、商賈號冤罔有紀極」（『朝鮮国来書簿』、天聡五年八月到来分）。

(43) 「金國汗致書朝鮮國王。（中略）又言灣上勒價會寧徵責要索。我人欺我者有之、王人欺王者有之、是不可不嚴究也。果有此事、是敗我兩國和好。王當行義州該管官員、査勒價者姓名竝攘奪馬匹毛色詳細開來」（『仁祖実録』巻二五、仁祖九年閏一一月辛酉条）。

(44) 『朝鮮国来書簿』、天聡五年一二月二六日到来分。

(45) 『内国史院檔』の現代日本語訳は、東洋文庫清代史研究委員会編『内国史院檔　天聡七年』（東洋文庫、二〇〇三年）および清朝満洲語檔案史料の総合的研究チーム編『内国史院檔　天聡八年』（東洋文庫、二〇〇九年）所載の現代日本語訳に従った。

(46)『内国史院檔』天聡八年檔、天聡八年三月二日条。
(47) モチン（mocin）とは「毛青」のことであり（『大清全書』巻十）、「毛青」とは松江の上質の綿布を標缸という藍を用いて深青に染めるものであり明末に技術が完成した（『天工開物』巻上、彰施第三巻、諸色質料条）。
(48)『内国史院檔』天聡八年檔、天聡八年四月二七日条。
(49)『満文老檔』太宗天聡第一〇冊、天聡二年五月二三日条。『満文老檔』の現代日本語訳は、満文老檔研究会訳註『東洋文庫叢刊一二満文老檔』四～七（東洋文庫、一九五九～一九六五年）に従った。
(50)『朝鮮国来書簿』、天聡三年六月一九日到来分。
(51)『内国史院檔』天聡七年檔、天聡七年一一月条。
(52)『旧満洲檔』満附三、天聡九年一二月一〇日条。
(53)『満文老檔』太宗崇徳第一冊、天聡一〇年正月一六日条。
(54)「咸鏡監司閔徽馳啓曰。碧潼等鎮居民三十餘人、越境採蔘、竟被擄。蓋禁法雖嚴、而京外上司入送貨物、使之貿蔘。取責多門、守令不得已分給民間、責令貿納。故其勢不得不冒法、忘死至被擄云」（『仁祖実録』巻三一、仁祖一三年一〇月壬辰条）。
(55)「備局啓曰。近來蔘商納税少、而取利多。故内地之人、爭相入往潛越之弊、終不可禁。請量加收税、稍奪商利、以爲禁令一助」（『仁祖実録』巻三一、仁祖一三年一一月丙辰条）。
(56)『通文館志』巻五、交隣、年例送使条より集計。なお年例送使条による歳遣船の進上物品の統計は田代和生『近世日朝通交貿易史の研究』（創文社、一九八一年）、六一頁にある。
(57)『辺例集要』巻八、公貿易、己酉（一六〇九年）一〇月条。
(58) 森克己「中世末・近世初頭における対馬宗氏の朝鮮貿易」『九州文化史研究所紀要』一、一九五一年三月、八～九頁。
(59) Richard Cocks 発イギリス東インド会社本店宛書簡（一六一四年五月）（『大日本史料』一二編一七、東京帝国大学文科大学史料編纂掛、一九一四年、四六四～四六八頁）。

(60) Elbert Woutersen からオランダ東インド会社平戸商館宛書簡（一六一四年九月）（『大日本史料』一二編一七、東京帝国大学文科大学史料編纂掛、一九一四年、四九九頁）。
(61) 浦廉一「明末清初に於ける日本の地位」（一）『史林』一九―二、一九三四年四月、二五八～二五九頁。
(62) 『旧満洲檔』満附三、天聡九年一二月二〇日条。
(63) 『仁祖実録』巻一九、仁祖六年一二月丁未条。
(64) 篠田治策『白頭山定界碑』（楽浪書院、一九三八年）、五三頁。

第六章　丙子の乱後朝鮮の対清貿易について

はじめに

朝鮮は後金から初めて侵略を受けた丁卯の乱（一六二七年）の後、後金との間に講和を結んだ。そして再度侵略を受けた丙子の乱（一六二七年）までの間、朝鮮は明と後金（清）の間で中継貿易を行なった。具体的には朝鮮は明産の青布を後金に輸出し、後金産の人蔘を明に輸出した。しかし一六三七年の丙子の乱の結果、朝鮮は明と断交させられて中継貿易を中止し、清との二国間貿易のみを行うようになった。その結果、朝鮮の対清貿易にはどのような変化があり、朝鮮政府は変化にどのように対応しようとしたのか。それを構造的に分析することが本章の課題である。

本章では丙子の乱直後から、明滅亡（一六四四年）までの間、朝鮮の対清貿易全体の中で貿易形態（歳幣、方物、開市、臨時の貿易）が互いにどのような関係をもって変化し、朝鮮政府がどのように対応したのかについて、朝鮮からの視点を中心に据えて考察する。以下では、第一節で貿易に関係する事項（朝清間における朝貢と歳幣、開市の展開過程）の変化を簡単に整理したうえで、第二節以下で朝鮮政府による貿易への対応の個別事例を分析したい。具体的には第二節で朝貢と開市以外に朝鮮が行った臨時の貿易について考察し、第三節では貿易によって生じた問題（密輸）とそれへの朝鮮政府の対策について論じる。

一　朝貢と開市

1　丙子の乱後朝鮮の義務事項と朝貢

丙子の乱（一六三七年）で清に降伏した朝鮮は、以後清に複数の義務を負った。一六三七年の降伏直後、清皇帝太宗（ホンタイジ）が朝鮮国王仁祖に下した詔諭に、清が朝鮮に負わせた義務について述べられているため、以下ではそれにもとづき、朝鮮が清に対して負った義務事項を検討したい。

清太宗が降伏直後の仁祖に下した詔諭は、原本が韓国国立中央図書館に現存するとみられる(1)。同詔諭は朝鮮総督府図書館が所蔵していた時期に『青丘学叢』にその写真が掲載され（「清太宗詔諭」）、中村栄孝が原文を翻刻したことがあった(2)。以下は『青丘学叢』所載の詔諭写真をもとに、清太宗が朝鮮国王に負わせた義務について述べた部分を、筆者があらためて翻刻し直し（白文は脚注記載）、日本語に翻訳したものである。なお〘　〙は写真で判読不能であるが、『清太宗実録』（順治初纂漢文本、国立故宮博物院（台北）所蔵(3)）に確認可能な文字を復元した補記であり、［　］は写真で判読不能であって『清太宗実録』（順治初纂漢文本）でも確認不可能な文字を引用者が復元した補記であり、〔　〕は引用者が解釈を補足した注記である(4)。

則ち明朝が与えた誥命と冊と印は、献納して罪を請え。①その〔明との〕往来を絶ち、その年号を捨て、すべての文移は、我が正朔を奉ぜよ。②爾は長子およびさらに一子を人質とし、諸大臣で子のある者は子を、子のない者は弟を人質とし、万一爾に不諱のことがあれば、朕は人質の子に王位を嗣がせる。〘朕がもし明朝を攻めることになれば、詔を下して使節を派遣し〙、爾の歩兵や騎馬、軍船を徴発し、或いは数万或いは期間を限って会同することは、誤りのないように。朕が《軍団を戻して皮島を攻撃すれば、》[5]五〇隻を送るべきであり、爾は水兵、鳥銃・大砲や弓手を準備すべきである。大軍が帰還すれば、軍を慰労する儀礼を行うべきである。③その〔清の〕聖誕〔皇帝の誕生日〕、《元旦、冬至、中宮》千秋〔皇后の誕生日〕、太子千秋〔皇太子の誕生日〕、および慶弔等の事があれば、すべて貢献の礼を行い、大臣および内官に命じて表を奉らせて来させよ。その《進める》ところの表箋〔文〕の様式、朕が降す詔勅、或は有事に使臣を派遣して伝える諭、爾が〔朕の〕使臣に会見すること、爾の陪臣が〔朕に〕謁見すること、使節の送迎や接待の儀礼は、すべて明朝の旧例と同じくせよ。〔清〕軍中の捕虜に、鴨緑江を過ぎた後に、もし〔朝鮮に〕逃げ戻る者がいれば、とらえて所有者に送れ。もし贖還を希望すれば、主人の話に従え。我が兵が決死の戦いで捕獲した人は、爾は《後で縛えて送ることを》忍びないと言葉にするな。爾は内外の諸臣と、婚姻を結び、和好を固めよ。新旧の城は《、修築を許さない。》〔爾の国にいる〕〔兀〕良哈〔ワルカ〕[6]はすべて刷送すべきである。④日本貿易は、爾が旧の如くすることを許すが、その使者が来朝するのを導くべきである。朕《もまた使者を派遣して》彼〔日本〕と往来させたい。その東辺の兀良哈で、役を避けて居る者は、貿易に復帰することはできず、爾がもしそれをみれば、捕らえて送るべきである[7]。

この義務事項のうち、朝鮮の貿易に関係するのは傍線部①、②、③、④である。

傍線部①は明との通交を絶つようにせよ、というものである。従来朝鮮国王は明皇帝から冊封を受けており、一六二一年以後は海路で明に朝貢使節を送っていた。それを絶つようにせよ、というのである。朝明間における民間の貿易については言明されていないが、三節で後述するように朝鮮政府は降伏直後から禁止していたものと考えられる。

②は朝鮮の王世子と王子を人質として差し出すようにせよ、というものである。それを受けて、仁祖の長子であった昭顕世子は当時清の首都であった瀋陽へ送られ、一六四三年まで瀋陽で人質生活を送った。そして昭顕世子の後に

王世子となった鳳林大君（仁祖の次子で、後の孝宗）は一六四五年に帰国を許された。(8) 後述のように瀋陽で世子が居住した瀋陽館は、朝清貿易の主要な担い手となった。

③は聖誕（清皇帝の誕生日）、元旦、冬至、中宮千秋（皇后の誕生日）、太子千秋（皇太子の誕生日）、および慶弔等の際に朝鮮から清へ使節団を送るようにせよ、というものである。

④については朝鮮の対日本貿易を従前通り許す、というものである。清（後金）は丙子の乱以前から朝鮮が日本と貿易を行っていることを知っており、朝鮮に日本産品の要求を行うことがあった。(9)

そして朝鮮は③によって、清に定期的に使節を送ることになった。従来朝鮮は明に対して年に数回、使節を派遣していた。使節は任務に付随して、皇帝をはじめとする明皇室に方物を献上した。方物の品目については、明の国政要覧とでもいうべき『大明会典』（万暦一五（一五八七）年刊本）に次のように規定されていた。

貢物。金銀器皿、螺鈿梳函、白綿紬、各色苧布、竜文簾席、各色紬花席、豹皮、獺皮、黄毛筆、白綿紙、人蔘、種馬毎三年五十匹（『大明会典』巻一〇五、礼部六三、朝貢一）。

これから方物に金銀製品のほか、絹布（綿紬）や人蔘、馬などがあったことがわかる。清に対しても朝鮮は明に対してと同様、使節が方物を皇室に献上するようになった。それを『通文館志』巻三、事大、進貢方物数目条を通じて確認すると、定期的な進貢の対象となったのは聖節（皇帝の誕生日）、千秋（皇太子の誕生日）、冬至、正朝であった。試みにもっとも品目の多い聖節に際しての方物（他の時期にのみ登場して聖節に登場しない方物はない）の一覧は〈表1〉の通りである。

これから清への方物の品目は、明代のものをよく踏襲していることがわかる。苧布はカラムシの布であり、綿紬は絹布である。花席や簾席は敷物である。人蔘は朝鮮人蔘であり、豹皮は豹の毛皮であり、水獺皮はカワウソの皮であ

〈表 1〉定期的な進貢方物の一覧

	献上対象	品目	数量	単位
聖節	御前（皇帝）	黄細苧布	10	疋
		白細苧布	20	疋
		黒麻布	70	疋
		白細綿紬	20	疋
		竜紋簾席	2	張
		黄花席	20	張
		満花方席	20	張
		雑彩花席	20	張
		人蔘	50	斤
		豹皮	10	張
		水獺皮	20	張
		苧麻兼織布	10	疋
		雑色馬	40	疋
	皇太后	紅細苧布	10	疋
		白細苧布	20	疋
		黒麻布	40	疋
		白細綿紬	10	疋
		黄花席	10	張
		満花席	10	張
		雑彩花席	10	張
	皇后	螺鈿梳函	1	事
		紅細苧布	10	疋
		白細苧布	20	疋
		黒細麻布	30	疋
		白細綿紬	10	疋
		黄花席	10	張
		満花席	10	張
		雑彩花席	10	張

出典：『通文館志』巻 3、事大、進貢方物数目。

〈表 2〉崇徳 2(1637) 年当初の歳幣額

品目	数量
黄金	100 両
白銀	1000 両
豹皮	100 張
鹿皮	100 張
水獺皮	400 張
青鼠皮	300 張
水牛角弓面	200 副
大紙	1000 巻
小紙	1500 巻
五爪竜席	4 領
各様花席	40 領
蘇木	20 觔
胡椒	10 斗
茶	1000 包
好腰刀	26 把
順刀	20 把
白苧布	200 疋
各色細布	1 万疋
各色綿紬	2000 疋
米	1 万包
各色細麻布	400 疋
布	1400 疋

出典：『清太宗実録』（順治初纂漢文本）巻 24、崇徳 2 年丁丑正月 28 日条。

る。いずれも朝鮮の特産品であり繊維製品が多い。

また前述の詔諭に付随して、朝鮮は清によって方物とは別途歳幣[10]の献納を指定された[11]。ただ朝鮮は詔諭を受けた直後に、一六三七年分と一六三八年分の歳幣納付を清から猶予され、朝鮮は一六三九年、はじめて歳幣を瀋陽に送り、その後歳幣は一年に一回、冬至使が清に持参していた[12]。前述の「清太宗詔諭」原本では歳幣一覧の部分は失われているが、『清太宗実録』（順治初纂漢文本）崇徳二（仁祖一五）年正月二八日条に歳幣の一覧が残っており、それを表の形で示したのが〈表2〉である。

江嶋寿雄も〈表2〉の品目リストを表にしているが[13]、方物の品目との違いには触れていないので、ここで方物の品目と比べてみたい。〈表2〉をみると、〈表1〉にもみられる品目もあれば（花席や苧布、綿紬、麻布、水獺布など）、〈表1〉にはない品目がある。〈表1〉にみられない品目の黄金や白銀は貴金属であり、鹿皮や水牛角弓面（水牛の角製の弓の材料）、好腰刀、順刀は戦闘用のものである。五章でみたように、水牛角弓面と蘇木、胡椒は朝鮮が対馬から輸入する、東南アジア産の物品である。また米や紙や布（綿布と思われる）は日用の一般的なものであるが、清財政を補塡するものであったとみられる。歳幣はこうした戦闘用・財政用とみられる物品を清が朝鮮から調達する要素が強かったものと思われる。方物に含まれない物品を清が定期的に調達するために、歳幣が機能していたのであろう。ただ谷井陽子の研究によると歳幣は清の臨時の大きな需用に当てるものが中心であったものの、清経済に恒常的なゆとりまではもたらさなかったという[14]。

朝鮮は以上の結果、方物と歳幣の二重の負担を負うことになった。こうした方物と歳幣の品目が〈表1〉と〈表2〉のようにあらかじめ決まっていたことは、その儀礼ごとの贈り先と数量が決まっていたことも意味し、硬直化する可能性を内包していたと考えられる。こうした負担に朝鮮政府がどのように対応していたのか、次に検討してみたい。歳幣への対処策について特進官李溟は次のように述べた。

特進官の李溟が進み出て申しあげた。「歳幣の一事は、右議政が申し上げましたが、領議政が未だ出仕しません、そのためまだ回答を申し上げておりません。思うに本曹〔戸曹〕から地方に分担させた物は多くなく、ただ豹皮・鹿皮・水獺〔カワウソ〕皮だけです。ソウルの市で得難い物、紙については、担当の官庁〔戸曹〕に綿布が五〇〇同あまりありますので、それにより購入したいですが、担当の官庁〔戸曹〕の蓄えは、欠乏させるべきでありません。そのため地方に分担させざるをえません。[15]

この史料から、戸曹の蓄えは歳幣を準備するのに十分ではなく、李溟は地方から必要物資の調達を企図したことが分かる。後金への礼物の調達において、朝鮮政府は貯蓄がない場合に漢城の商人から購入を図る程度であった（漢城の商人から調達できない場合は断念する例があった）が、[16] それとは異なる対応であった。それは丙子の乱以前の朝鮮清（後金）関係が兄弟関係となっていたのに対し、丙子の乱後は朝鮮が清に服属する関係となったことから、朝鮮にとって清のための物資調達がより切迫性を増したためと考えられる。

その後、朝鮮の歳幣負担は軽減されていった。減額過程については江嶋寿雄の研究[17]が詳しく、それによると一六四〇年に歳幣米が一万包から一〇〇〇包となり、一六四三年には歳幣品のうち、紅・緑・白の綿紬と細麻布、木綿、五爪竜文廉席、各様花席、好腰刀の数量が減らされた。そして一六四五年にも歳幣中の品目のうち、蘇木と茶、綿紬、各色細布、布、麤布、順刀、刀が減らされた。江嶋は一六四〇年の歳幣米減額は朝鮮が兵力などで清に協力したことへの見返りによるものとするが、[18] 筆者はその見方に従いたい。一六四五年の歳幣の大規模な削減は、一六四四年に清が北京に入城して華北一帯を制圧したことで、朝鮮に戦闘用の財物を求めなくともよくなったためと筆者は考える。

2　開市

以上の歳幣と方物の献上のほかに、朝鮮は清との間で開市（互市）を行った。ここでは明滅亡（一六四四年）までのあいだに朝清間で唯一行われた、北方国境地帯に位置する咸鏡道会寧での開市を取り上げる。『通文館志』は一六三八年の会寧開市開始について次のように述べる。

会寧［崇徳戊寅（一六三八年）］に、寧古塔［ニングタ[19]］の人が戸部の票文を持ち、農具（農器）を貿易しにきた。

後に定例となった。壬午〔一六四二年〕に也春〔ヤンチュ〕[20]の人がまた来て、康熙甲戌〔一六九四年〕に、烏喇〔ウラ〕[21]の人がまた来た[22]」。

この史料によると、会寧開市はそもそも農具の貿易のために始まったという。寺内威太郎はこの史料に関連して、清側のニングタにあった駐防八旗が自給農耕のために農具・農牛を必要としていたとする[23]。農具や農牛は歳幣や方物の品目に入っておらず、歳幣や方物では清が調達できなかったのは確実である。ニングタ一帯の地域で局地的に必要なものの調達機能を、清が会寧開市に担わせたのであろう。

前述の寺内の研究は初期の会寧開市を巡る朝清間の交渉については触れないが、一六三八年夏に会寧に清のニングタから商団が来訪したときに紛争が発生した。清の戸部が朝鮮に送った咨文によると、ニングタでは官を送って互市を行おうとしたが、会寧府は一小官しか出迎えに送らず、城門も閉め、互市を行うのも九日遅らせたという[24]。それを受け、備辺司は会寧府使鄭榏からの説明を受け取った上で外交文書担当の承文院に清への回答を準備させることを提案し、国王は会寧で清使節を接待する節目を準備するよう命じた[25]。そこで、備辺司では会寧における使節接待の節目を定め、会寧に送ることにした[26]。開市について清の抗議を受けると、朝鮮は即座に調査を行い、開市場での規則を定めたのであった。一連の経緯から、会寧開市で交易を求めていたのは朝鮮よりは清であったことがうかがえる。清が朝鮮に開市貿易を強く求めたために、朝鮮が規則を整備し、清の要求に応えていったのである。

以上のように、丙子の乱で清に降伏した朝鮮は清に複数の義務を負うことになった。降伏に際して清太宗から仁祖に下された詔諭にはその義務事項が記載された。義務事項の中には、明と断交し、明への朝貢と同様、清皇帝の誕生日、元旦、冬至、皇后の誕生日、皇太子の誕生日、および慶弔等の際に朝鮮から朝貢使節団を送り、人質として世子らを瀋陽に送るなど貿易に関する事項が含まれた。朝鮮は朝貢に際して清皇帝に方物を献上し、年に一回歳幣も納めることとなった。この歳幣は明への朝貢には含まれておらず、清に服属して以降固有のものであった。歳幣の品目には方物にはみられない、戦闘用の物品や米・布など清財政を補塡したとみられるものが含まれ、朝鮮からの収奪的要素の強いものであった。また歳幣と方物の調達が漢城において困難な場合には地方からの調達も図られた。さらに詔諭には記載されなかったが、咸鏡道会寧において清との間で開市が一六三八年に始められ、農具や農牛など清辺境局地的な需要があったとみられる商品が取引された。歳幣と方物では対象外となる物品を、開市によって取引したのであろう。

二　朝貢と開市によらない貿易

丙子の乱直後の朝清間では、前節で検討したような朝貢（方物と歳幣）と開市以外の手段によっても貿易が行われた。本節ではそのような貿易について、朝鮮から清への輸出と、清から朝鮮への輸入に分けて分析する。

1　朝鮮から清への輸出

清の首都瀋陽では、朝鮮の王世子であった昭顕世子が一六三七年から人質生活を送っており、彼の居所瀋陽館を通じて朝鮮から清への輸出が行われることが多かった。例えば一六三八年には清太宗が瀋陽館に旗紅竹（薬材として用いられた竹の一種とみられる）を要求したことを受け、瀋陽館は義州からそれを取り寄せた[27]。他にも昭顕世子が朝鮮紙を瀋陽の実勝寺に納めたり[28]、清から依頼のあった紅柿二五〇〇顆を昭顕世子が朝鮮から取り寄せたりした事例[29]などが見られる。

また、太宗（ホンタイジ）の治療用に竹瀝（青竹から作る薬材）を朝鮮が送ったこともあった。一六四〇年から一六四四年の間の『瀋陽日記』と『瀋陽状啓』には約四〇回、朝鮮から清に送られた竹瀝と青竹に関する記事があり、ホンタイジの病気の治療薬に竹瀝と青竹が必要とされて飲用および塗布用に用いられたと見られている。(30)

そのほかに、仁祖一七（一六三九）年八月に八王アジゲは瀋陽館の王世子に対し、瀋陽館との間を常に往来している人に密かに銀子二〇〇両で豹皮、水獺皮（カワウソの皮）、青黍皮（青鼠皮）、清蜜（蜂蜜）、栢子（松の実）などの物を、三〇〇両で綿布を貿易することを求め、王世子は朝廷に許可を求めるとともに銀は使節が朝鮮に出発する際に携行させることにした。(31)それに対し、九月には朝廷は貿易を許した。(32)実際に全額が取引されたかについては記録がなく、豹皮を戸曹に調達させようとした記録がある。(33)

以上のように、朝鮮は清に対して果物などの生鮮品や紙などの工芸品、薬材を、瀋陽館を通じて送ることが多かった。こうしたものが朝鮮に求められたのは、後金と比べて朝鮮の手工業や医療の技術水準が高かったためと推測される。

こうした物資の調達を朝鮮はどのように行なったのであろうか。一六四三年の太宗（ホンタイジ）葬礼時を例に探ってみたい。一六四三年に太宗（ホンタイジ）が逝去すると、(34)瀋陽館は清から、銀を代価にして葬礼に必要な紙、丹木（蘇木、染料）、槐花（エンジュの蕾、生薬）の購入を依頼された。(35)瀋陽館からの連絡を受けた朝鮮本国は葬礼物資に関して、次の史料のように準備を進めようとした。

〔世子侍講院〕文学の李袗が、瀋陽にあって急報して啓した。「清汗〔皇帝〕が本月初九日夜、急逝し、九王〔睿親王多爾袞、ドルゴン〕が長子の虎口王〔粛親王豪格、ホーゲ〕を廃し、その第三子を立てました。年は六歳、人々は頗る悦びません」。かつ棺斂〔葬儀〕諸具を要求することを言っていた。備辺司が啓して申し上げた。「清国は紙地、槐花、丹木等物を貿易するために、銀二五〇〇両を支給しました。〔瀋陽〕館が求めるところは先に〔平安道の〕管餉使が蓄えた紙地二万巻、丹木二〇〇〇斤、槐花二〇〇斤で、今月初三日におよんで、鳳凰城に送ったといいます。今平安監司具鳳瑞の状啓を見ますと、本道〔平安道で〕難儀して収集したものは、薄紙が僅かに二五〇〇巻、槐花が三〇斤あまり、丹木は元から貯蔵がないといいます。該曹〔戸曹〕に、おって急いで措置をさせて送らせるのが適当です。（中略）」これに従った。(36)

この史料では、まず世子侍講院文学の李袗が、清汗（太宗）が崩御してドルゴンがホーゲを廃し、第三子（順治帝）が即位したことを急報している。次に備辺司が、朝鮮が清から要求された物資について述べた。備辺司によると、瀋陽館は平安道の管餉使（軍糧の貯蔵、管理を任務とした）に貯蔵されている紙二万巻、丹木（蘇木）二〇〇〇斤、槐花二〇〇斤を求め、鳳凰城に依頼を送った。しかし平安道は紙二五〇〇斤、槐花三〇斤あまりしか在庫がなく、丹木が枯渇するなど、貯蔵物が不足していた。そのために備辺司は、中央の戸曹に不足分の準備を求めたのであった。これを受けた戸曹の反応は次の史料の通りである。

戸曹が啓で申し上げた。「瀋陽の喪は、賻儀〔香奠〕の諸物のうち最も苦慮しているのが、紙です。前後求められた数量は、七、八万束に至ろうとしています。我が国で紙を生産するところは、三南〔忠清道、慶尚道、全羅道〕にあるだけです。やむをえず下三道〔忠清道、慶尚道、全羅道〕に分担させ、そこに準備をさせてソウルに送らせ、その後不足する数量は、ソウルの市で探し、代価を支給して購入して送るのが適当でしょう」。これに従った。(37)

この史料では、瀋陽での葬礼に送るべき物資のなかで調達が最も苦しいのは紙であると戸曹が述べている。そして戸曹は紙の生産地である三南（慶尚道、全羅道、忠清道）から漢城に送らせ、不足する分は漢城の市廛から調達を図っ

〈表 3〉平安道　軍官の往来状況（仁祖 15（1637）年）

瀋陽に到着した日	用件の記述	瀋陽を出発した日	備考
4 月 12 日	平安兵使軍官の金忠男が来る	4 月 19 日	
閏 4 月 26 日	平安兵使柳琳の軍官が状を持ってくる	不明	
5 月 21 日	平安監司李袨の軍官が米饍を納めに来る	不明	
6 月 23 日	平安道 6 月朔膳が届く	6 月 25 日	
9 月 26 日	平安道朔膳が届く	不明	
10 月 24 日	平安道朔膳が届く	11 月 2 日	
12 月 5 日	朔膳を平安監司軍官が持ってくる	不明	
12 月 10 日	朔膳を平安監司軍官が持ってくる	12 月 14 日	帰還時に人馬を伴う

※ 出典はすべて『瀋陽日記』丁丑年。

た。朝鮮の国中から紙調達を図ったことが分かる。

以上のような物資の輸出は清側で突発的に発生した事態の際に行われたものとまとめられよう。歳幣は年一回決まった品目・数量を献上するものであり、方物の持参も決まった名目のもとで行われた。こういったことを考えると、臨時の需要に歳幣・方物は応えられず、臨時の需要には歳幣・方物以外の手段による輸出で応えざるを得なかったと考えられる。

こうした歳幣・方物以外の清への輸出はどのように行われたのか、以下検討する。輸出は朝鮮の官員が担っていたが、より具体的には瀋陽館に所属した官吏、平安道所属の軍官らが担っていた。

瀋陽館所属の官吏とは、昭顕世子が瀋陽へ人質として連行された一六三七年以来、王世子に陪従して瀋陽館に居住した朝鮮の官吏のことである。瀋陽館での事件を朝鮮側で記録した『瀋陽日記』によると、『瀋陽日記』で最も多く朝清間の往来が確認されるのは平安道の軍官である。[38] 例えば一六三七年の『瀋陽日記』から平安道の軍官の往来に関する記事を抽出し、軍官の瀋陽への到着日、訪問の目的、出発日を整理したのが〈表3〉である。

〈表3〉を見ると、平安道の軍官は約一〇ヶ月の間に八回、平安道と瀋陽の間を往来していた。そのうち五回は「朔膳」が目的であることが明記されている。

朔膳とは朔ごと（毎月）に納められる物膳を指す。物膳は朝鮮の王室に対する地方官からの進上のうち、主として飲食料品の進上をいう。物膳の対象は朝鮮時代の当初は国王・王妃・王世子であったが、前王・王妃在世の場合は彼らも含まれた。一四〇四年には物膳に関する規定はなく、監司等の地方官の任意に委ねられていたが、一四一九年には各官進上の期、度数を定め、礼曹に物目を制定させていた[39]。このような従来の慣例にしたがって、丙子の乱後に平安道から瀋陽の王世子に向けて、朔膳が送られたのだと考えられる。なお王世子に対しては朔膳以外の進上が本来あったが、『瀋陽日記』には朔膳以外の定期的な進上の記事はほとんど見えない。

さてこれら平安道軍官が清に送った物資にはタバコも含まれていた。平安道が送る物膳について国王が備辺司に問い合わせたことがあったが[40]、それに対し備辺司は黄海道からの返答を次のように国王に紹介した。

> 今黄海道観察使が、本司〔備辺司〕に牒〔文〕で報告しました。「去る七月二七日に成貼〔押印〕された〔瀋陽への〕陪従の宰臣の文書のなかに、『東宮嬪宮〔王世子と王世子妃〕は、毎日米糧の進上人および許多の往来の人に、返礼にやるものは、みな南草〔タバコ〕によって行っています。前日蓄えた所のものは、すでに尽く余りがなく、極めて苦しいです。今年の〔タバコの〕新草は想うにすでにきれいに整っていることでしょう。この間の切迫の事を思い、ご都合のよろしいように多数を準備し、朔膳と同時に、〔瀋陽へ〕送るのがよろしいようです。黄海道は平安道観察使のところに輸送し、それ〔平安道〕に〔瀋陽へ〕送らせるのが、適切です。特別に挙行されることを慎みながら念じます。状啓の包みおよび水刺〔王世子の食物〕に用いる油紙も、また欠乏しましたので、多数を準備して送り、云々』とありました。故に南草と紙の束を、計画に従って準備して送り、水刺に用いる物膳若干は、その馬に載せる代価と合わせて、平安道に送りました云云」と、〔黄海道が〕報じたところがこのようでしたので、敢えて啓します[41]。

瀋陽に陪従した宰臣が黄海道へ送った文書によると、王世子と王世子妃が、朝鮮から瀋陽に来た米糧の進上人や往来の人に、返礼にタバコを下賜していたが、貯蔵が尽きたので朝鮮から補充すべきであるという文言があったという。また、タバコのほかに油紙も不足しているので黄海道から平安道に送り、平安道から瀋陽に送ってほしいというので黄海道観察使は平安道に送ったのだという。これに対して国王は次のように答えた。

王が伝して言った。「了解した、求めるところのものが欠乏していれば、担当の官庁に照会して取得することは、可である。それが私的に請うようであれば、不可である[42]」。

国王はこの備辺司による返答を承認した。以上の史料から、物膳を平安道から瀋陽に輸送することに合わせ、物膳以外にタバコ・油紙などの物資が平安道から実際に輸送されていたことがわかる。ただ黄海道観察使はタバコの用途について、瀋陽館への進上人や往来の人に対して下賜する目的のみを挙げるが、実際に瀋陽館でタバコが清官に禁制品として摘発されたことを考えると[43]、タバコの用途には清人との貿易も含まれていたものと推察される。南草は一七世紀はじめには日本から朝鮮に流入し、一六二〇年代までに朝鮮で流行していた[44]。そして南草は朝鮮の重要な輸出物資の一つになったものの、一六三八年には清戸部は朝鮮にタバコの貿易を禁じた[45]。タバコの貿易が清に禁じられている状況では、瀋陽館から朝鮮本国に対して公式にタバコの用途を言及できなかったものと考えられる。こうして考えると、物膳の輸送は清人との非公式な貿易における一つの経路になっていたのではなかろうか。

物膳送付の経緯において興味深いのは、黄海道から物資が瀋陽に送られることについて、漢城の国王と朝廷が当初は関知していなかったことである。朝鮮と瀋陽との間の物資の流れについて、漢城の中央政府がすべて把握していなかったことを示唆する。国王が「求めるところのものが欠乏していれば、該当の官庁に照会して取得することは、可である」と述べるのは、漢城所在の担当官庁と瀋陽館が直接照会しあうことを許可するものであり、瀋陽館が行う貿易活動は、このような本国官庁との直接連絡によって成り立っていた可能性がある。

以上のように、瀋陽館は朝鮮が清に物資を輸出する担い手の一つであり、朝鮮は清から紙や薬、果物を求められ輸出していた。太宗の葬礼に際して紙や、槐花、蘇木といった物資を求められたが、瀋陽館や平安道、戸曹の貯蔵分だけでは足りず、朝鮮の地方まで調達を分担させていた。こうした臨時の輸出は、方物と歳幣の品目が（その贈り先と目的が決まっているという儀礼性ゆえに）硬直化していたことを補うものであったと考えられる。また平安道の軍官は朝鮮から清に物資を運ぶ役割を担っていたが、彼らがタバコを運ぶこともあった。

2　朝鮮への清からの輸入

一方で、朝鮮も朝貢と開市以外の方法で清から物資の調達を図った。初期の例としては牛がある。丙子の乱直後、朝鮮では牛疫が広がって農牛が激減し、政府が済州島の馬を農牛の代りに用いようと企図したものの、中止したことがあった[46]。そして一六三八年に朝廷は、備辺司郎庁の成釴を瀋陽に派遣し、農牛を調達することになった[47]。朝鮮朝廷は銀一九〇〇両を代価に、牛六〇頭分の調達を企図した[48]。成釴は瀋陽館に同年二月に到着した[49]。次の備辺司の啓は、その際の農牛購入の代価について述べている。

啓して言った。「後続で運ぶ貿牛の一行（柳琳の一行）は、所持の物は、専ら地方の物貨に依存していますが、〔それらの〕物件もまたきわめてわずかです。先に〔成釴が〕運んで送った、黄紅に染めた布は、彼ら〔清側〕に喜ばれた物で、見るところまた見栄えがよいです。兵曹の歩兵の綿布と他の丁の綿布のうち六、七同を、預けて染めさせ、銀子二、三〇〇両を、該曹〔戸曹〕に加給させて送らせ、荷運び用の馬五、六匹も、また好いものを選んで買って送るのはいかがでしょうか」。〔王が〕答えるに、「啓に依れ」、と[50]。

この史料から、朝鮮が牛の代価として銀の他に、兵曹が民から徴収した布（歩兵の綿布と他の丁の綿布）を黄色や紅に染めて準備したことがわかる。こうした綿布は兵役の代償として徴収されて兵曹に貯蔵されたものであったため、政府が調達に苦慮したとは考えにくい。この派遣により、一六三八年中に計一八一頭が朝鮮に送られた(51)。これらの牛が調達されたのは瀋陽ではなくモンゴルであり、成釴は仁祖一六年二月一九日には瀋陽館を出発して「蒙古地」に牛調達にむかっている(52)。「蒙古地」については、その際成釴は瀋陽から西北に行き「烏桓王国」、「乃蛮王国」を通過している(53)。李竜範は「烏桓王国」を敖漢（アオハン）部(54)、「乃蛮王国」を奈蔓（ナイマン）部に比定しており(55)、ここではそれに従いたい。アオハン部とナイマン部は、後金のホンタイジがチャハル部を征討する際に後金に合流し(56)、一六三六年のホンタイジの清皇帝即位に際して首長が王に冊封された(57)。

なお会寧開市を用いずに、朝鮮政府が瀋陽からモンゴルへ牛の調達に向かわせたのは、そもそもニングタで一六四〇年代までは朝鮮の会寧から牛を調達するほど牛が不足していたことや(58)、瀋陽地方でも牛が不足していたことがあったと考えられる(59)。

また朝鮮が瀋陽から棉花の種子を輸入したこともあった。朝鮮政府が一六四三年に平安道観察使の具鳳瑞に命じ、管餉の銀貨を弁出させ、棉花の種子を瀋陽などのところで購入させ、黄海道と平安道の農民に分けて給付し、翌年の耕作の助けとさせたのである(60)。以上の農牛や棉種は農業生産の基盤になるものである。国内の農業生産を回復させるために、朝鮮政府が清から農牛や棉種を輸入させたのだと考えられる。

そのほか、瀋陽では朝鮮被虜人の買戻し（贖還）も行われた。丙子の乱の際には多数の朝鮮人が清の被虜人となり、清に連行された(61)。清は朝鮮が彼らを買い戻すことを認めたため、瀋陽を中心に取引が行われた(62)。

このような清からの物資輸入の担い手としては、漢城から瀋陽に派遣された使節団や訳官があった。一節で述べたように、清皇帝の誕生日や皇太子の誕生日、皇后の誕生日、冬至正朝、その他慶弔の際に朝鮮は使節団を派遣することが義務付けられていた。これら使節団と別に漢城から派遣された者に、訳官がいた。例えば仁祖一五（一六三七）年八月二六日に瀋陽に到着した漢訳の崔恭慶らは、朝鮮における清使接待のための羊の購入を目的として瀋陽を訪れていた(63)。また九月一二日には訳官の趙孝信らが瀋陽に到着し、九月一六日に戻った。一二月五日には漢訳の朴庚生らが漢城から瀋陽に到着している(64)。このような漢城からの来訪者のなかには、羊を購入しにきた漢訳の崔恭慶のように、物資を輸送する任務の者が他にも存在したと推測される。

以上のように、朝清間では使節の朝貢（歳幣と方物）と会寧開市以外にも貿易の機会が増加した。その窓口は、朝鮮の世子が滞在した瀋陽館であることが多かった。物資の往来を考察すると、朝鮮から清へは果物や紙、薬といった生鮮品や工芸品が輸出され、太宗の葬礼においては紙や、槐花、蘇木といった物資が朝鮮から輸出された。これらのものは歳幣・方物では品目や数量が固定されていたことから、臨時の需要に対応したものと考えられる。こうした臨時の需要に際し、朝鮮政府は一六三六年以前と異なり、地方まで物資の求索を行い、必死に調達を図った。また物膳の輸送におけるタバコのように朝鮮政府が細部まで掌握していない事例も見られた。

一方で朝鮮は清からの一方向的な要求をただ受けていたわけではなかった。朝鮮は取引機会の増加を活かし農牛や棉種といった農業生産のための財を清から調達することにも成功していた。

三　密輸とその対策

1　朝鮮人の密輸行為

前節まで見てきた取引機会の増加は、一方で朝清間での密輸（潜商）増加を招くことになった。本節では取引機会の増加による問題として密輸を取り上げ、密輸の実際と朝鮮政府の対応を検討する。一六三八年には次の史料のように、瀋陽で朝鮮人による密輸（潜商）が発覚した。

〔平安道〕義州府尹の林慶業が、潜かに人馬を瀋陽に送り、物貨を貿易し、内官の韓汝琦と一緒に企んでいたことが、世子侍講院によって発覚した。王はこれを聞いて大いに怒り、すべて連行して尋問することを命じた。備辺司は慶業を一時的に流刑とし、その任に戻して、自新の責を負わせることを請うた。王は皇帝を欺き、国家を侮辱したことをもって、罪は緩めることができないとし、終に聞き入れず、結局皆定配とした[65]。

この史料によると、義州府尹林慶業が瀋陽に密かに人馬を送り貿易を行ったという。世子侍講院は王世子に経書と史書を侍講する職掌を司っており[66]、当時は多くの官員が王世子に陪従して瀋陽に駐在していた[67]ことから事実を突き止めたのであろう。林慶業は前年の仁祖一五年五月二〇日に瀋陽館を出発した記録がある[68]ことから、瀋陽での貿易に関与しても不自然ではない。

次に密輸品の内容について検討したい。一六三八年の密輸の内容については次の史料から知ることができる。

〔申〕景禛が言った。「聞くところでは前後の使行で瀋陽に入ることで、従って行く人は、贖還と称するものの、実は皆な商人の輩です。帰還する際に、その馬をあちら〔清〕の人に売る者がいることが多いといいます。極めて痛罵すべきです」。国王が言った。「それを厳禁するのが適切である[69]」。

この申景禛の発言によると、使節の一行に付随して被虜人の贖還を行うと自称した商人がいたという。申景禛は彼らが清側で馬を売却することを問題視していた。それを国王は厳禁すべきであると述べた。贖還以外の取引を行うことを禁じようとしたものと考えられる。馬の取引が朝鮮側で問題であったのは前述した牛の不足のように、家畜が不足していたことがあったのであろう。

密輸品にはほかに南草（タバコ）と青布があった。例えば次の史料は一六三八年に備辺司が行った啓と王の対応を記録するが、備辺司はそこで朝鮮使節による青布（明産の綿布）の携行取締と、南草の禁輸について言及している。

啓して言った。「今朴潢の状啓を見れば、瀋陽に入る人は、青布を携帯する者が多く、〔清からの〕疑いを生じ、後日の恐れを、憂慮せざるをえません。我が〔国の〕人が〔鴨緑〕江を渡る際、南草〔タバコ〕の例のように、一切厳禁して〔問題の〕事を生じないようにさせることを、本道〔平安道〕観察使および義州府尹のところに、命令するのは何如でしょう」。答えて仰った、「許可する」、と。[70]

この史料によると、備辺司は瀋陽に入る者に青布を携帯する者が多いことが後日の憂いとなることを恐れ、タバコのように携行禁止とすることを啓した。そしてそれは国王に認められたという。

ここで示した、一六三八年の備辺司の状啓において注目すべきなのは青布の携行禁止である。青布は明産の綿布であり、従来朝鮮が明から輸入していた。そして青布は朝鮮が後金に対して輸出する商品であった。[71] その携帯が清側に露顕すれば、朝鮮が明と密輸を行っていることが露顕すると備辺司が考えたものと推測される。そのために備辺司は青布の携行を一切禁止すべきであると提案したのであろう。青布の携行禁止は丙子の乱以前に清（後金）への青布の輸出が許容されていたのとは異なる、対清貿易政策であるといえる。

朝鮮による密輸対策として具体的に想起されるのは物膳の輸送への規制である。物膳輸送の駄数に定限ができたことは次の一六四〇年の史料から知ることができる。

平安道観察使の閔聖徽が、月朔〔月はじめ〕の物膳を世子館に送ったが、〔荷〕駄の数が定数を超えていた。王は取り調べを命じ、司憲府は律に照らして啓した。王は命令〔教〕を下して言った。「朔ごとの物膳について、その駄数を定めるのは、〔物資の〕状況において不足があるからではなく、その意は弊害を除くことにある。観察使を務める者が、どうしてあえて巧みに名目を作って加えて送ることがあろうか〔いやない〕（後略）[72]。

この史料によると平安道観察使が物膳を瀋陽館（世子館）に送った際に荷駄の数が定数を越えていたという。取り調べの結果を司憲府が啓したのに対し、国王は駄数を制限することの趣旨は、弊害を除くことにあると発言した。ここでいう弊害とは、使節一行による貿易の拡大や密輸によって清から追及されることと推測される。物膳輸送に際して貿易が無秩序に拡大しないよう、朝鮮政府が駄数を制限していたものと考えられる。

なお他にも密輸と関係して、朝鮮人が清領に越境して人蔘を盗掘する事件（越境採蔘）が相変わらず発生していた[73]。

2　明との密輸問題

丙子の乱前、朝鮮は明と後金との間で中継貿易を行っていた。しかし第一節でみたように、丙子の乱後は朝鮮の対明貿易は清から禁じられた。それでも前述したように、朝鮮使節による清への青布の携行禁止が提起されたのは、青布が清へ実際に携行されることがあったためであろう。青布は朝鮮では兵士の服に一七世紀には用いられており[74]、清でも元来は同様の用途があったのではないかと推測される。朝明間の密輸が行われていたことは史料からうかがえる。一六四二年には、平安道の沿海諸邑で漢船と密輸する者がいるとして清が調査したことがあった[75]。同年の清から朝鮮への通知は次の史料のようであった（割注の内容は省略した）。

瀋陽宰臣韓亨吉が急報して啓して言った。「本月初六日、清人が世子を招き、密かに勅書を授け、鳳凰城を出させました。この日、沙河堡に宿泊しましたところ、初昏に竜骨大が来て言いました。「崔鳴吉［省略］、李顕英［省略］、李植［省略］、及び備辺司の有司堂上、両司［省略］長官、前平安観察使沈演、前兵使の金応海、前宣川府使の洪頤性は全員鳳凰城に連行せよ。現職の平安道観察使および義州府尹もまた入らせよ。漢船が出来した時、竜鉄〔竜川、鉄山〕の両邑は、明らかに貿易の人がおり、その処は皆すでに知っている。隠すことはできない。定州もまた大商の鄭姓高姓の両人の貿易を通じることがあった。これは皆な潜商の首魁であり、また密かに捕えさせよ」、と。(76)

この史料によると、清のイングルダイ（竜骨大）は、崔鳴吉、李顕英、李植、備辺司（備局）有司堂上、前平安道観察使（監司）沈演、前兵使金応海、前宣川府使、洪頤性らを鳳凰城に連行するよう求めた。その理由は下線部にあるように、鉄山、竜川に来た漢船に関し、朝鮮側で貿易を行う者がいたことを清が知ったためであった。これを受けて、朝鮮国王は、漢船との密通を謝罪し、(77)清から免罪された。(78)

このように明と朝鮮との密輸が行われたことはあったものの、明との貿易は実際には相当程度遮断されたようである。一六三八年に対日貿易に関し、戸曹が備辺司に行った報告と提案では、明の商品（唐貨）が東萊の倭館に入らなくなったために倭館に売買する者が断絶し倭人が利を失って閑散としたため、それまで禁じられていた朝鮮産の人蔘の私売を許可し、倭人に開市の利があるようにしたらどうか、というものがあった。(79)このことから、一六三八年には東萊の倭館には、明産品がもたらされなくなって取引が閑散としたことがわかる。

以上のように朝鮮の官吏や国境地帯住民による密輸は存在した。密輸の事例として具体的に記録が確認されるのは馬、タバコ、青布であった。青布の携行禁止は、丙子の乱以前に清（後金）への青布の輸出が許容されていたのとは異なった、貿易政策であるといえる。取引機会の増加に際し、清側が警戒するもの（タバコ）や明との関係を想起させるもの（青布）が取引されることを、朝鮮が警戒したのであろう。朝鮮政府による物膳輸送の駄数管理は、密輸を防止するための方策の一つであると推測される。なお朝鮮と明の密輸は存在したものの、日朝貿易の窓口である東萊の倭館には明産品が入らなくなるなど、朝鮮の対明貿易は相当程度遮断されていたと考えられる。

おわりに

丙子の乱直後から、明滅亡（一六四四年）までの間、朝鮮の対清貿易全体の中で貿易形態（歳幣、方物、開市、臨時の貿易）が互いにどのような関係をもって変化し、朝鮮政府がどのように対応したのかについて、朝鮮からの視点を中心に据えて考察した。その結果、判明したことを整理すると次のようになる。

丙子の乱で清に降伏した朝鮮は明と断交した。朝鮮は清から皇帝の誕生日、皇后の誕生日、皇太子の誕生日、元旦、冬至、慶弔等の際に朝鮮から使節団を送るよう義務づけられ、朝鮮は清への人質として世子らを瀋陽に送ることとなった。さらに朝貢に際して朝鮮は方物を献上することになり、歳幣も年に一回納めることとなった。歳幣は明への朝貢時には行われておらず、清に服属して以降固有のものであった。歳幣の品目には方物にはみられない、戦闘用の物品や米・布など清財政を補塡するとみられるものが含まれ、それは清が朝鮮から強く必要とするものであった。また歳幣と方物の調達が朝鮮の漢城において困難な場合には地方からの調達も図られた。さらに詔諭には記載されなかったが、咸鏡道会寧において清との間で開市が一六三八年に始められ、農具や農牛など清辺境で局地的な需要があったとみられる商品が取引された。

その中で、朝清間では朝貢と開市以外の臨時の貿易の機会が増加した。朝鮮の世子が滞在した瀋陽館は朝鮮から清への物資輸出の窓口となることが多かった。朝鮮は清に果物などの生鮮品や紙の工芸品を臨時に輸出することがあり、品目や数量が固定された歳幣や方物を補完するものであったと考えられる。こうした臨時の需要に対して朝鮮政府は一六三六年以前と異なり、地方まで物資の求索を行い、必死に調達を図った。また物膳の輸送におけるタバコ携行のように朝鮮政府が細部まで掌握していない事例も見られた。一方で朝鮮は清からの一方向的な要求をただ受けていたわけではなかった。朝鮮は取引機会の増加を活かし農牛や棉種といった農業生産のための財を清に求め調達することにも成功した。

しかし取引機会が増加したことで朝鮮の官吏による密輸の問題が発生した。朝鮮政府は官吏によるタバコ、青布などの清への携行を禁止したり、物膳輸送の駄数を制限したりするなど、清から密輸の疑念をもたれないように図った。東萊の倭館に明産品が入らなくなるなど、明との貿易は相当程度遮断されていたと推測される。

このようにして見ると、一六三七年から一六四四年の間は、従来の方物に加え、歳幣や臨時の物品要求のように、清が財政上必要なものが朝鮮の義務に追加され、朝鮮も国内から必死にその調達を図ったことが大きな特徴である。それは一六三七年以前の朝明・朝清貿易にはみられない特徴であった。一六四四年に清が入関して以降歳幣の品目・数量が大幅に減ったことを考えると、朝鮮は入関までの間、清を経済的に支援する役割を担わされたといえよう。ただ朝鮮は清に物品を供給するだけの立場には甘んじず、農牛や棉種の輸入のように、国内産業の再生に必要な物資の輸入を清から行うことができた。

注

（1）現在、韓国国立中央図書館での管理資料名、請求記号は同館古典運営室のカード目録によると、「清太宗詔諭」（한古朝五一―다二三）である。二〇〇九年に筆者が同館古典運営室に閲覧を請求したところ、マイクロフィルムやデジタル画像は撮影されておらず、原本のみが所蔵されているが、保存状態が悪いとの理由により閲覧請求は却下された。

（2）中村栄孝「満鮮関係の新史料――清太宗朝鮮征伐に関する古文書」『青丘学叢』一、一九三〇年八月、一五三～一五四頁。

（3）『清太宗実録』（国立故宮博物院図書文献館（台北）所蔵、同館での史料名は『大清太宗文皇帝実録』、統一編号「故宮〇

〇一六六九〕）巻之二四、崇徳二年丁丑正月二八日条。以下では『清太宗実録』（順治初纂漢文本）と表記する。

（4）なお前述の中村栄孝（一九三〇）は『満清入関前与高麗交渉史料』（一九三三年）を参照しているが、該当書は翻刻本のため字が確実ではない。檔案の原本の現在の行方は管見の限り（内閣大庫檔案を継承する中央研究院歴史語言研究所（台北）および中国第一歴史檔案館（北京）での調査）確認できなかった。そのために現存が確認できる漢文史料としてはもっとも成立年代の古い『清太宗実録』（順治初纂漢文本）を今回は参照した。また『清太宗実録』（順治初纂漢文本）での列挙の順序は『青丘学叢』所載の詔諭写真とは大きく異なるが、以下の釈文は『青丘学叢』所載の詔諭写真中の順序のままにしてある。義務事項の数の異同は両者の間にはない。

（5）平安道沖の椵島。

（6）女直系の民族、ワルカのこと。豆満江中・下流域にいたワルカは一七世紀初めまではウラの勢力下に入っていたが、一六〇七年にマンジュがウラに烏碣巌洞での衝突で大勝すると、ヌルハチはワルカ（朝鮮に従属する藩胡が含まれていた）を大挙してマンジュに徙民させ（松浦茂「ヌルハチ（清・太祖）の徙民政策」『東洋学報』六七（三・四）、一九八六年三月、一〇～一二頁）、その後も満洲八旗を補強するためにヌルハチとホンタイジは朝鮮でのワルカの捜索とマンジュへの送還を熱心に行っていた（田中克己「清鮮間の兀良哈（ワルカ）問題」『史苑』二〇（二）、一九五九年一二月、三三～三八頁）。

（7）「則將明朝所與之誥命冊印、獻納請罪。①絶其交往、去其年號、一應文移、奉我正朔。②爾以長子及再一子爲質、諸大臣有子者以子、無子者以弟爲質、萬一爾有不虞、則朕立質子嗣位。〔朕若征明朝、降詔遣使〕調爾歩騎舟師、或數萬或刻期會處、不得有誤。朕令〔回師攻取皮島、爾可發〕五十隻、水兵鎗砲弓箭、倶宜自備。大兵將回、宜獻犒軍之禮。③其聖〔誕、元旦、冬至、中〕宮千秋、太子千秋、及有慶弔等事、倶須獻禮、命大臣及内官奉表以來。其所〔進〕表箋程式、及朕降詔勅、或有事遣使傳諭、爾與使臣相見、爾陪臣謁見、及迎送饋使之禮、毋違明朝舊例。軍中俘繫、自過鴨緑江後、若有逃回者、執〔送本〕主。若欲贖還、聽從本主之便。蓋我兵以死戰俘獲之人、爾後毋得不忍〔縛送〕爲詞也。爾與内外諸臣、締結婚媾、以固和好。新舊城〔垣、不許繕築〕。〔兀〕良哈人、倶當刷送。④日本貿易、聽爾如舊、但當導其使者赴朝、朕〔亦將遣使至彼也〕。其東邊兀良哈、避居於役者、不得復與貿易、若見之、便當執送」（『清太宗詔諭』）。

(8) 田川孝三「瀋館考」小田先生頌寿記念会編『小田先生頌寿記念朝鮮論集』(大阪屋号書店、一九三四年)、四七二～四七五頁。

(9) 浦廉一「明末清初の鮮満関係上に於ける日本の地位(一)」『史林』一九―二、一九三四年四月、二五八～二五九頁。

(10) 清側の『朝鮮国来書簿』には「歳貢単」との記載があることから、清は「歳貢」と呼んでいたと考えられる。

(11) 『清太宗実録』(順治初纂漢文本)巻二四、崇徳二年丁丑正月二八日条。

(12) 江嶋壽雄『明代清初の女直史研究』(中国書店、一九九九年)、五一八～五二八頁。

(13) 江嶋壽雄、前掲書、五一二頁。

(14) 谷井陽子「八旗制度再考(二)」『天理大学学報』五七(二)、二〇〇六年二月、四九頁。

(15) 「特進官李溟進曰。歳幣一事、右相陳達、而領相未出仕、故時未回啓矣。蓋自本曹分定外方之物不多、而只豹皮・鹿皮・水獺皮。京市難得之物、紙地則該曹有木五百餘同、欲以此貿易、而該曹所儲、亦不可傾竭。是以不得不分定於外方」(『承政院日記』六八冊、崇禎一二年己卯正月初七日己丑条)。

(16) 仁祖一三(一六三五)年八月に後金がヘトアラの仏寺修建に関して、朝鮮政府に顔料を求めたのに際し、朝鮮政府は顔料を市廛に求めたものの、調達ができなかったと後金に返答したことがあった(「朝鮮国王答金国汗書」中央研究院歴史語言研究所内閣大庫所蔵(台北市)、登録番号〇三八一三六。『明清檔案存真選輯初集』(中央研究院歴史語言研究所、一九五九年)、瀋陽旧檔、図版四九、九七頁に収録)。

(17) 江嶋壽雄、前掲書、五二〇～五二八頁。

(18) 江嶋壽雄、前掲書、五二四～五二五頁。

(19) 現在の黒竜江省牡丹江市に位置する。ニングタには一六二五年ごろから駐防八旗がおかれていたと推測されており、一六三〇年からはウバハイ(呉巴海)が駐防してニングタは後金(清)東辺における要衝の役割を担っていた(周藤吉之『清代満洲土地政策の研究――特に旗地政策を中心として』(河出書房、一九四四年)、三一二頁)。

(20) 也春地方(ヤンチュ地方)にはツングース系少数民族のクルカが居住していたが、増井寛也は也春を現ロシア領のポシェット湾岸、厳杵河一帯に比定しており（増井寛也「クルカとクヤラ――清代琿春地方の少数民族」『立命館文学』五一四、一九八九年一二月、三三頁）、ここではそれに従いたい。也春地方にいたクルカは食糧難を打開するため会寧開市に参入したほか、一六四五年までに琿春に一部が移住していた（寺内威太郎「慶源開市と琿春」『東方學』七〇、一九八五年七月、九頁）。

(21) 烏喇〔ウラ〕は現在の吉林省吉林市に位置する。ウラ地方にはかつてウラ国がありヌルハチに大妃が嫁していたが、ウラ国はイェへと与したためにヌルハチと対立し、一六一三年に滅亡した。その後一六七六年には寧古塔将軍が吉林烏喇の船廠城に移駐した（『盛京通志』（乾隆四三年本）巻一三、建置沿革、吉林条）。

(22) 「會寧［崇德戊寅、寧古塔人持戶部票文、來貿農器。後以爲例。壬午也春人又來、康熙甲戌、烏喇人又來］」（『通文館志』巻三、事大、開市）。

(23) 寺内威太郎「李氏朝鮮と清朝との辺市について（一）――会寧・慶源開市を中心として――」『駿台史学』五八、一九八三年三月、八～九頁。

(24) 『通文館志』巻九、紀年、仁祖一六年。

(25) 『備辺司謄録』五冊、仁祖一六年戊寅八月二八日条。

(26) 『備辺司謄録』五冊、仁祖一六年戊寅九月初六日条。

(27) 『瀋陽日記』戊寅（一六三八年）、六月二一日壬子条。

(28) 『瀋陽日記』戊寅、八月一二日壬寅条。

(29) 『瀋陽日記』戊寅、九月三〇日己丑条。

(30) 鴛淵一「清鮮関係の一齣――竹瀝考」『東方學』二七、一九六四年二月、五～九頁。

(31) 『瀋陽状啓』己卯年八月二三日条。

(32) 『仁祖実録』巻三九、仁祖一七年九月丙寅条。

(33) 『承政院日記』七一冊、崇禎一二年己卯九月一二日丙寅条。

(34)『瀋陽日記』癸未（一六四三年）、八月初一〇日辛未条。

(35)『瀋陽日記』癸未、八月一六日丁丑条。

(36)「文學李袗、在瀋陽馳啓曰。清汗於本月初九日夜、暴逝、九王廢長子虎口王、而立其第三子。年甫六歳、羣情頗不悅云。且言完歛諸具需索之事。備局啓曰。清國爲貿易紙地槐花丹木等物、出給銀二千五百兩。而館所請先以管餉使所儲紙地二萬卷、丹木二千斤、槐花二百斤、趂今月初三日、入送于鳳凰城云。今見平安監司具鳳瑞狀啓、本道拮据收合者、薄紙僅二千五百卷、槐花三十餘斤、丹木則元無所儲云。宜令該曹、趂急措送。（中略）從之」（『仁祖実録』巻四四、仁祖二一年九月朔壬辰条）。

(37)「戸曹啓曰。瀋陽之喪、賻儀諸物中最可悶者、紙地也。前後所求之數、將至七八萬束。我國紙地所產、只在三南。不得已分定於下三道、使之措備上送、而此後未准之數、宜捜括京市、給價貿送。從之」（『仁祖実録』巻四四、仁祖二一年九月癸巳条）。

(38)軍官は朝鮮各地の各軍営に属する属役であり、平安道では主鎮（兵馬節度使の駐在した鎮西衛（平壌））に一〇名、巨鎮（兵馬節制使の駐在した鎮であり、成川、江界、理山など一六鎮あった）に各三名（江界、義州、満浦は各五名）、その他の諸鎮に各二名が配置されていた（『経国大典』巻四、兵典、軍官条）。

(39)田川孝三『李朝貢納制の研究』（東洋文庫、一九六四年）、九一〜九四頁。

(40)『承政院日記』六二冊、崇禎一〇年丁丑一二月初二日丙申条。

(41)「今者黄海監司、牒報本司曰。去七月二七日成貼陪從宰臣移文内、東宮嬪宮、逐日米饌進排人及許多往來之人、酬應面皮、皆以南草爲之。前日所儲、已盡無餘、極爲竭悶。今年新草想已乾淨。須念此間切迫之事、隨便優數措備、朔膳、一時入送。而黄海道輸送于平安監司處、使之入送、便當。各別惕念擧行。狀啓封裹及水刺所用油紙、亦爲乏絶、優數措備入送云云。故南草紙束、從略備送、水刺所用物膳若干、併其駄載馬價、入送平安道云云、所報如此、敢啓」（『承政院日記』六二冊、崇禎一〇年丁丑一二月初二日丙申条）。

(42)「傳曰、知道、應求之物乏絶、則移文該曹取去、可也。如是私請、則不可矣」（『承政院日記』六二冊、崇禎一〇年丁丑一二月初二日丙申条）。

(43)『瀋陽日記』丁丑、五月二六日条。
(44) 田川孝三「朝鮮淡婆姑小考」『朝鮮行政』一―二、一九三七年二月、一五六～一五八頁。
(45)『通文館志』巻九、紀年、仁祖一六年。
(46)『備辺司謄録』五冊、仁祖一六年戊寅二月二四日条。
(47)『通文館志』巻九、紀年、仁祖一六年。
(48)『備辺司謄録』五冊、仁祖一六年戊寅正月初六日条。
(49)『瀋陽日記』戊寅、二月一一日乙巳条。
(50)「啓曰。後運貿牛之行、所持之物、則専靠於外方物貨、而物件亦甚零星。先運入送、黄紅染色、乃彼輩所喜之物、所見亦有光輝、兵曹歩木餘丁木中六七同、預爲入染、銀子二三百兩、令該曹加給以送、卜馬五六匹、亦令擇好買送何如。答曰。依啓」(『備辺司謄録』五冊、仁祖一六年戊寅正月初八日条)。
(51)『備辺司謄録』五冊、仁祖一六年戊寅六月初一〇日条。
(52)『瀋陽日記』戊寅、二月一九日癸丑条。
(53)『仁祖実録』巻三六、仁祖一六年六月庚子条。
(54) 現在の内モンゴル自治区赤峰市に位置する。
(55) 現在の内モンゴル自治区通遼市に位置する。
(56) 李竜範「成釩의 蒙古牛買入과 枝三・南草」『震檀学報』二八、一九六五年一二月、四一～四八頁。
(57) 楠木賢道『清初対モンゴル政策史の研究』(汲古書院、二〇〇九年)、一一五頁。
(58) 楠木賢道、前掲書、一七四～一七九頁。
(59) 寺内威太郎、前掲論文、一九八三年、八～九頁。
(60) 直接の記録はないが、一六四三年には清の衙門は瀋陽地方で牛を購入することが困難なためモンゴルから牛を購入していた(『瀋陽状啓』癸未年二月初一〇日条)ことから、瀋陽でも元来牛の調達が困難であったと考えられる。

(61)　『仁祖実録』巻四四、仁祖二一年一二月丁未条。
(62)　森岡康「第二次清軍入寇後の朝鮮人捕虜の売買」『朝鮮学報』一〇九、一九八三年一〇月、三〇～三四頁。
(63)　『瀋陽日記』丁丑、八月二六日条。
(64)　『瀋陽日記』丁丑、一二月初五日条。
(65)　「義州府尹林慶業、潜送人馬於瀋陽、貿取物貨、與内官韓汝琦同謀、爲講院所發覺。上聞之大怒、竝命拿推。備局請慶業則姑施次律、而仍其任、以責自新。上以欺罔君上、貽辱國家、罪不可貸、終不聽、遂皆定配」（『仁祖実録』巻三六、仁祖一六年六月癸卯条）。
(66)　『経国大典』巻一、吏典、京官職条。
(67)　『瀋陽日記』丁丑、一二月末尾条に世子侍講院の官員で瀋陽に駐在した人員の一覧がある。
(68)　『瀋陽日記』丁丑、五月二〇日条。
(69)　「景禛曰。聞前後使行之入瀋也、従往之人、稱以贖還、而實皆商賈之輩。回來之際、多有賣其馬於彼人者云、極可痛也。上曰。嚴禁之可也」（『仁祖実録』巻三六、仁祖一六年正月庚辰条）。
(70)　「啓曰。今見朴潢狀啓、則入瀋之人、多挾青布、致有疑訝、日後之患、不可不慮。我人渡江之際、南草例、一切嚴禁俾無生事之意、本道監司及義州府尹處、行會何如。答曰、允」（『備辺司謄録』五冊、仁祖一六年戊寅一〇月一三日条）。
(71)　劉家駒『清朝初期的中韓関係』（文史哲出版社、一九八六年）、七七頁。
(72)　「平安監司閔聖徽、入送月朔物膳於世子館所、駄數踰於定限。上命推考、憲府照律以啓。上下教曰。毎朔餽物、定其駄數者、情非不足、意在除弊。爲方伯者、何敢巧作名目而加送乎（後略）」（『仁祖実録』巻四〇、仁祖一八年二月壬戌条）。
(73)　一六三九年に朝清国境に位置する平安道満浦から越境して人蔘採取した者が拘束される事件が発生した（『瀋陽日記』己卯、二月一二日庚子条）。一六四二年には、朝清国境地帯の民が人蔘を求めて越境していることを朝鮮政府が認め、清に対策を説明した（『清太宗実録』（順治初纂漢文本）巻三八、崇徳七年壬午六月初六日条）。
(74)　『承政院日記』二二一冊、康熙九〔顕宗一一、一六七〇〕年一〇月八日条。

(75)『仁祖実録』巻四三、仁祖二〇年九月甲戌条。

(76)「瀋陽宰臣韓亨吉馳啓曰。本月初六日、清人招世子、密授以敕書、使出鳳凰城。是日、宿沙河堡、初昏龍骨大來言。崔鳴吉［省略］、李顯英［省略］、李植［省略］、及備局有司堂上兩司長官、前平安監司沈演、前兵使金應海、前宣川府使洪頭性、竝拿致鳳凰城。時任平安監司及義州府尹、亦令入來。漢船出來時、龍鐵兩邑、明有通商之人、而此處皆已知之。不可隱諱。定州亦有大商鄭姓高姓兩人相通交易。此是潛商之魁、亦使密捕云」（『仁祖実録』巻四三、仁祖二〇年一〇月己酉条）。

(77)『仁祖実録』巻四三、仁祖二〇年閏一一月辛酉条。

(78)『仁祖実録』巻四四、仁祖二一年三月戊午条。

(79)『備辺司謄録』五冊、仁祖一六年戊寅正月三〇日条。

結　論

本書では一七世紀前半における朝鮮の対明清貿易政策の展開について論じた。一七世紀前半の時期は明から清へ中国の統一王朝が交替する時期にあたり、朝鮮の一九世紀末までの国際環境の基礎が形成される時期であることから注目されるものの、朝鮮の対明清関係史の研究のなかで、貿易に関する分野は未だ課題が多い。例えば貿易によって銀や、薬材といった貴重な物資を朝鮮は入手することができたが、その輸入のために使節団の貿易や国境地帯での貿易を朝鮮王朝がどのように管理していたのかということは明らかでなかった。

そこで本書では、朝鮮、明、後金（清）という複数の国家の年代記史料（『朝鮮王朝実録』や『明実録』、『清実録』など）、外交文書を用いて一七世紀前半における朝鮮の対明清貿易政策の展開について論じた。

第一章では、壬辰・丁酉の乱後における朝鮮の対明貿易政策を探るべく、朝鮮が中江開市と燕行使貿易に対してとった態度の違いについて考察した。

壬辰・丁酉の乱後、朝鮮の対明貿易は朝明国境の義州郊外における中江開市と明の勅使、朝鮮の燕行使の三手段で行われた。朝鮮はこのうち中江開市に関しては、三度も明に廃止要請を出すなど消極的な姿勢を示した。一方で朝鮮は燕行使の往来に合わせて火薬原料を輸入し始め、銀の輸出を行った。また、明の勅使は朝鮮から貿易や献納の形態で銀を持ち出していた。当時朝鮮は銀を日本から輸入していたため、燕行使による明での銀消費と合わせると、日本から朝鮮を経て明に至る銀の流入路が形成された。朝鮮は燕行使貿易には全体的には積極的であった。

こうした中江開市への消極姿勢と、燕行使貿易への積極姿勢の背景には、朝鮮が新たに始まった互市（開市）に経済的な不利益を感じており、従来の朝貢では経済的な利益を受けていたことがあった。燕行使の貨物は明から免税とされていたのに対し、開市貿易は明から貨物が課税されたことがその一つであった。また、開市貿易では取引形態が朝鮮商人に不利なものであり、朝鮮の機密情報が流出するという問題もあった。光海君元（一六〇九）年から朝鮮の対日貿易が再開すると中国物品が朝鮮を経由して日本に密輸出されてしまうことも朝鮮は懸念した。

一方、明の遼東で税務を担当した官は中江開市に利点を見出していた。宦官の高淮が明中央から増税のために税監として送り込まれてからは、中江開市は人蔘の輸入経路としての重要性があった。光海君即位（一六〇八）年の高淮解任後は、中江開市密輸の経路として一部の遼東の官の利益源となっていた。他方で遼東側は朝鮮の燕行使貿易には通常、課税することができず不満であった。

結局、光海君五（一六一三）年には朝鮮は明との互市貿易（中江開市）を廃止することに成功し、朝貢貿易である燕行使貿易を継続させた。遼東側はこれに対して燕行使から銀徴収を行って対応した。一六世紀以降に中国周辺で活発化した互市貿易に対して朝鮮は利点をさほど見いださなかった。明によって開市が強要されたということもあったが、既得権化していた朝貢貿易の利益（免税など）が朝鮮にとっては大きかったということであろう。互市貿易は朝貢貿易から利益を得ていた国家には魅力が薄かった可能性が高い。

第二章では、壬辰・丁酉の乱後の朝鮮による対日貿易の再開過程と、明による朝鮮の対外貿易への関わりを考察した。

光海君元（一六〇九）年には朝鮮は対馬に通交を許し、東萊での日朝貿易が正式に再開した。貿易は封進回賜、公貿易、倭館における開市、密貿易の四種類があった。対馬から朝鮮に送られる歳遣船の数は年間二十隻に減らされたが、朝鮮は日本から国防上必須の水牛角や銅、国際貿易上必要な銀などを調達することができるようになった。また朝鮮は開市における商取引に課税を行い、銀収入を得ようとした。一方で銀を用いた密貿易も見られた。

日朝通交が再開した後、朝鮮は日朝通交の現場である倭館においては倭人を倭館に滞留させない開市日程作りや、明の禁制品を含む貿易品の取り締まりをおこなった。東萊は対日情報の集積拠点であり、明は官を東萊に派遣して日朝通交の実態調査を行っていた。日朝通交には明の影響力が及んでいた、といえるであろう。

光海君元（一六〇九）年に明の朝貢国であった琉球が日本の薩摩に征服されてからは、明は日本に対して警戒姿勢を強め、明中央では朝鮮での倭館貿易も問題視された。明皇帝は朝鮮に対して歳遣船の制限、倭館滞留の禁止を直接に要求した。逆にいえば、朝鮮は明から一定の範囲内ではあるが対日貿易の承認を取り付けたといえる。

このように壬辰・丁酉の乱後、日本から朝鮮を経て明へ向かう貿易経路が再開されたわけであったが、明が朝明貿易においては商取引の活発化を企図した介入（中江開市への誘導）を図ったのに対し、朝日貿易に対しては商取引の活発化を図らず、むしろ取引の抑制を求めていたといえる。

第三章では、第一章と第二章で見たような一七世紀初における朝鮮政府による対明貿易への取り組みのなかで、輸出物資が実際にどのように取り扱われたかについて、人蔘を例に論じた。人蔘の流通過程、および流通に対する朝鮮政府の施策の背景と意義について論じた。従来の研究では人蔘商人に対する通行許可証の義務化が政府の管理を示すものであることまでは把握されていたが、なぜそれが人蔘だけに限定されていたのか、いつから通行証の義務化が人蔘に対して行なわれるようになったのかについては明らかにされていなかった。

そこで、人蔘の国際貿易が本格化する一六世紀末から一七世紀初頭にかけた時期に注目した。この時期、朝鮮政府は明に対する使節派遣のたびに人蔘献上を行なっていた。朝鮮では平安道、咸鏡道、江原道が人蔘の主力産地であり、人蔘の国内での調達管理を戸曹が管掌していたが、朝貢用の人蔘を規定数だけでも準備することが厳しい状況となっていた。戸曹は邑に対して人蔘納入を賦課していたものの、邑が実際には納入できないことがあったためである。

このような人蔘の調達難は明向け人蔘輸出の盛行と関連があった。戸曹が朝貢向けに確保する以前に、人蔘商人が人蔘を輸出してしまっていたのである。訓錬都監のような官庁が人蔘取引を行なうことも実際に見られ、密貿易も盛んに行われていた。つまり、戸曹が国内の人蔘取引を掌握できない状況だったのである。

それゆえ戸曹は宣祖三七（一六〇四）年に、人蔘商人に対し、戸曹と開城府が発行する通行許可証の所持を義務付け、人蔘取引を統制下に置くことにした。これは朝貢用の人蔘を戸曹がまず確保し、その次に民間での人蔘取引を許可するというものであった。朝貢用の人蔘の確保と、明向けの人蔘私貿易の継続を図るための施策であったといえる。朝鮮政府による人蔘取引の規制は、一六世紀末の明との人蔘貿易拡大に対処する中で、明への朝貢品確保という外交上の要請から形成されたのであった。

朝鮮政府は、朝貢品として重要な人蔘の確保と私貿易を両立するために、人蔘商人の規制を行なうことになったのであった。そこで優先されたのは従来の人蔘として第一の目的であった朝貢品の確保であった。貿易が活発化したなかで、政府としては従来通り朝貢品を確保できるよう、政策を策定したと考えられる。

第四章では光海君一三（一六二一）年から仁祖一五（一六三七）年にかけて朝鮮王朝が明への朝貢に際して海路を利用せねばならなくなったことで発生した使行の内容変化について、特に貿易の変化や同時期に発生した問題を考察した。

朝鮮使節の使行経路は当初光海君一四（一六二二）年から仁祖五（一六二七）年ごろまでは宣沙浦から登州という経路であった。その後仁祖六年には石多山から登州に変わり、仁祖七年には明によって石多山から寧遠に至る経路に変れた。


更を強いられた。朝鮮の使行一回あたりの船数は四隻から六隻であり、朝鮮西海岸各地の官船が使行のために用いられた。

海路になったことで朝鮮政府は、使節の一行が朝鮮と登州を往来する際や、登州に留まる際に、船を糧米の購入・運送に行うことを企図し、実際に実行された。

一方で問題も生じた。それは第一に、陸路の時より海路は使節の人数が増えたために、出港地までの沿路邑の負担が増大したことである。第二に、使節団のなかで密輸が行われたことである。第三に、仁祖六（一六二八）年の後金と朝鮮との貿易開始により、海路使行貿易が明から後金への援助行為とみられる恐れが生じたことである。さらに従来朝鮮との間で貿易を行っていた毛文竜は朝鮮使節の船や貨物を略奪して朝鮮の中継貿易を牽制した。

これに対し、朝鮮政府は使節団の出帰帆地に中央から御史を派遣し、使節団の荷物を検査することで対処した。また明政府は使節団の貨物検査を行った。

このように、使行路が海路経由になったことを受けて、使節の貿易を拡大しようとする動きが朝鮮政府内にあり、使節団も構成人数を陸路の時より増員したり、貿易の専用船を随行したりさせるなど、一部で使行の規模が拡大した。一方で貿易拡大に伴う問題を受け、貿易をより強く管理する動きが朝鮮と明双方にあった。朝鮮が仁祖六（一六二八）年から後金と貿易を開始したことは朝鮮に中継貿易の利益をもたらした一方で、明からは疑念をもたれ、毛文竜らから貨物や船が略奪された。

朝鮮の海路を通じた対明使行をみると、朝鮮が決して海路の利用に否定的であったわけではなく、変化に順応しようとする動きもあった、といえる。ただ海路利用を制限する要因には、官僚による海への恐れといった要因だけでなく、朝鮮の沿路邑の負担という財政的要因や、明による後金との貿易への警戒、明将による略奪といった外交的要因も存在した。

第五章では仁祖六（一六二八）年からの朝鮮の対後金貿易政策について論じた。仁祖五（一六二七）年の盟約締結後、後金は朝鮮に貢献を要求し、朝鮮は抵抗しながらも礼物を送るようになった。続けて後金は開市を要求し、義州と会寧で開市が行われるようになった。しかし開市には朝鮮の商人と商品は集まりにくく、後金使節は漢城や平壌など朝鮮内地に入った際に取引を行うようになった。朝鮮は後金との商取引に消極的であったが、自国使節が後金に入る場合には商人を帯同させていた。

礼物については、朝鮮政府は後金の要請に応える場合と応えない場合があった。開市場での取引においては、朝鮮政府は朝鮮商人が価格面で不利に置かれた場合は商人を保護するために外交交渉を行った。一方で朝鮮商人の中に後金使節に対して不正を働いた者が発覚した際には朝鮮政府は取締を厳格に行わず、朝鮮の政府機関が越境採蔘を促進することさえあった。朝鮮政府は後金との貿易において弊害が多くても貿易を中止したことはなかった。

朝鮮政府による、消極的ながらも貿易を継続した姿勢の背景としては当時の国際情勢があったと考えられる。朝鮮は明、後金、日本との間に貿易の窓口を持っていた。当時の東アジアでは最多の窓口数である。朝鮮からみれば後金は明産品、東南アジア産品、工芸品を輸出する格好の相手であり、明や日本への重要な輸出品である人蔘を輸入できる存在であった。朝鮮が後金と貿易を継続する動機はここにあった。

このようにしてみると、朝鮮も後金との貿易を活用して東アジア貿易のなかで仲介者として振る舞ったということができるであろう。とりわけ後金が日本や東南アジアなどの海域にアクセスできない状況、明と戦争中であるという状況のなかで、中継貿易の担い手として存在していた。

第六章では、朝鮮の対清貿易政策が仁祖一五（一六三七）年から仁祖二二（一六四四）年にかけてどのように行われたのかを探った。

丙子の乱（仁祖一五年）で清に降伏した朝鮮は明と断交した。朝鮮は清から皇帝の誕生日、元旦、冬至、皇后の誕生日、皇太子の誕生日、および慶弔等の際に朝鮮から使節団を送るよう義務づけられ、朝鮮は清への人質として世子らを瀋陽に送ることとなった。さらに朝貢に際しては朝鮮から方物が献上され、年に一回歳幣も納めさせられることとなった。ほかに会寧での開市が仁祖一六年に始められ、規則が整備されていった。

朝清間には朝貢と会寧開市以外の貿易も存在した。朝鮮の世子が滞在した瀋陽館は朝鮮から清への物資輸出の窓口となることが多かった。朝鮮は清太宗の葬礼においては紙や、槐花、蘇木といった物資を求められ、調達に苦心した。物資の往来を見ると、朝鮮は清に果物や紙を輸出することがあり、清から農牛や綿花の種といった生産財を輸入したことがあった。ほかに瀋陽において朝鮮による被虜人の贖還が行われたが、朝鮮使節一行のなかで贖還を偽装した貿易が行われると、国王自ら貿易の取り締まりを命じることとなった。

朝鮮政府は、朝鮮と清の間で、瀋陽館に所属した官吏、平安道所属の軍官、漢城から派遣される使節団や訳官の三者を往来させた。このうち使節団は世子が瀋陽にいなくとも、瀋陽が首都であったために派遣された者であったが、瀋陽館の官吏や平安道の軍官、漢城の訳官は、王世子が瀋陽で人質生活を送っていたからこそ派遣された者であったといえる。そして彼らが物資輸送の担い手であった。ただ物膳輸送の駄数厳守といった施策が行われたことを考えると、朝鮮政府は朝清貿易の拡大をそれほど望んでいなかったものと推測される。

朝鮮の官吏や国境地帯住民による密貿易は存在した。ただ朝鮮政府は官吏によるタバコ、青布などの清への携行を禁止し、清から明との密輸の疑念をもたれないように図っていた。東萊の倭館に明産品が入らなくなるなど、明との断交後、明との貿易は相当程度遮断されていたと推測される。

このようにして見ると、仁祖一五（一六三七）年から仁祖二二（一六四四）年の間は、朝鮮は清との間では通常の朝貢と開市（会寧）に加え、瀋陽館を通じた貿易を行うなど、貿易に関係する人員往来の方法が結果として多様化したことが大きな特徴といえる。瀋陽館に朝鮮の官員が王世子の世話のために常駐していたこと、平安道から物資の送付のためにほぼ定期的に官吏が瀋陽との間を往来していたことから、瀋陽館を通じた貿易が可能になったのは間違いない。

丙子の乱以前は明産品の青布は清と朝鮮の間で頻繁に取引された商品であったが、仁祖一六年には早くも朝鮮で清への禁輸品とされるようになった。清への服属により、清との間へ貿易手段の多様化が行われた一方で、明との間では貿易が遮断されたことが大きな特徴である。

以上のように本書では一五九〇年代から一六四〇年代にかけての、朝鮮王朝による対明清貿易管理政策の展開について考察した。

朝鮮は朝貢による貿易を最も選好し、明との貿易においては中江開市があっても廃止に追い込み、明との連絡路が海路になると使節一行を乗せる船のほかに貿穀船といった貿易専用の船を随伴させるなど、朝貢団の規模を拡大させていた。一五九〇年代の銀流入や対中貿易拡大といった現象のなかで主要な特産品であった人蔘の輸出が拡大したことを受けて、朝鮮政府が輸出を規制するようになったのは朝貢用の人蔘の確保が困難になったためであった。朝鮮政府にとって、商人の活動が抑制されることよりは、朝貢物資が確保できなくなることのほうが、深刻な事態とみなされたであろうことが想像できる。人蔘商人の取締策（産地への往来に通行証を義務化すること）は朝貢用の人蔘を確保するための策であった。

一方、朝鮮は後金（清）とは仁祖六（一六二八）年から貿易を開始させたが、それは開市を初期から含むものであった。しかし明との開市と同じく、朝鮮からすれば清との開市場での取引における価格決定に不満が多く、略奪的要素の大きいものであり、契約方式にも問題があった。

ところが丙子の乱で清に朝鮮が服属した仁祖一五（一六三七）年以降は明との貿易が絶たれ、清との貿易に一本化された。そこでは朝貢と開市のほかに、清の人質となった王世子が起居した瀋陽館を窓口とする貿易が行われた。明との貿易時期に比べると朝鮮の対中貿易の経路は三経路以上に増加した。その後仁祖二三（一六四五）年に瀋陽から王世子が帰還すると、瀋陽館の役割も終わり、中江開市がはじまったのだと考えられる。中江開市が不要とはされずにすぐ始まった理由は史料で確認することができないが、朝鮮からみても朝貢経路以外の貿易経路があることが有用であると認識されるようになったのではないかと想像される。

なお明と清、双方との開市に際して、朝鮮からみれば価格決定、契約方式、物資欠乏といった問題があった。朝鮮からみれば朝貢に利があったというだけでなく、開市にさまざまな問題があったのである。それが清の間で一九世紀まで開市が安定して行われたのは一つには清の地方性（満洲族の故地、東北地方が重視された一方で、東北地方は農業がふるわず、朝鮮からの輸入が重要であった）があったと考えられるが、明末清初の時期にみられた朝中間の紛争がどのように発生しなくなり、開市が安定して行われるようになったのか、ということは今後の課題になると考えられる。こうした一六四〇年代から一九世紀にかけての開市の「安定化」「固定化」ということは別の考察が必要になるため、今後の研究の課題としたい。

また本書では貿易の制度の運用について十分に掘り下げることができなかった。朝貢貿易を朝鮮が選好していたことは各所で論じることができたが、朝貢貿易の現場における実際の法制度の運用についてはそれほど探ることができなかった。同時期の日中貿易や日朝貿易の研究に比べると、朝中貿易の研究においては朝貢貿易における法制度の運用が明らかになっていない。たとえば日中貿易や日朝貿易においては勘合や図書に関する研究が盛んであるが、朝中間を朝鮮使節や官員がどのような通行証類を携行して往来したのか、それを発給する主体や、検証する主体がどのようなものであったかといったことはほとんど知られておらず、本書でも踏み込むことができなかった。人蔘取引における商人の通行証は朝鮮国内で完結しているようであり、朝中間における国際的な通行証の問題はほぼとりあげることができなかった。今後は本書のような全体的な貿易論だけでなく、より個別の貿易制度に入った研究も行わなければならないであろう。

初出一覧

序　論　書き下ろし
第一章「一七世紀初頭朝鮮の対明貿易――初期中江開市の存廃を中心に」『東洋学報』九六（一）、二〇一四年六月。

第二章　書き下ろし
第三章「一七世紀初頭朝鮮における薬用人蔘政策の定立とその意義」『朝鮮学報』二一〇、二〇〇九年三月。

第四章「一七世紀朝鮮・明間における海路使行と貿易の展開」『朝鮮史研究会論文集』五二、二〇一四年一〇月。

第五章「朝鮮の対後金貿易政策」川原秀城編『アジア遊学一七九　朝鮮朝後期の社会と思想』二〇一五年二月。

第六章「丙子の乱後朝鮮の対清貿易について」『内陸アジア史学』三〇、二〇一五年三月。

結　論　書き下ろし

参考文献一覧

史　料

（『本文および脚注で表記した史料名』：本書で典拠した史料の書誌の順に記した。）

朝鮮史料

『宣祖実録』：『李朝実録　二七～三〇冊　宣祖実録』（学習院東洋文化研究所、一九六一年）。

『光海君日記』（太白山本）：『朝鮮王朝実録　二六～三三』（国史編纂委員会、一九六九年）。

『光海君日記』（鼎足山本）：『李朝実録　三一～三三冊　鼎足山本光海君日記』（学習院東洋文化研究所、一九六二年）。

『仁祖実録』：『李朝実録　三四～三五冊　仁祖実録』（学習院東洋文化研究所、一九六二年）。

『備辺司謄録』：『備辺司謄録』全二八冊（国史編纂委員会、一九五九～一九六〇年）。

『承政院日記』：『承政院日記』一～五（国史編纂委員会、一九六一年）。

『瀋陽状啓』：『奎章閣叢書第一　瀋陽状啓』（京城帝国大学法文学部、一九三五年）。

『瀋陽日記』：『影印　昭顕瀋陽日記・昭顕乙酉東宮日記』（民俗苑、二〇〇八年）。

『経国大典』：『学東叢書六　経国大典』（学習院東洋文化研究所、一九七一年）。

『大典続録』：『学東叢書八・九　大典続録・大典後続録』（学習院東洋文化研究所、一九七二年）。

『大典後続録』：『学東叢書八・九　大典続録・大典後続録』（学習院東洋文化研究所、一九七二年）。

『続大典』：『学東叢書一二　続大典』（学習院東洋文化研究所、一九七二年）。

『大明律（直解）』：『大明律』国立公文書館内閣文庫所蔵本（請求番号　二九五―一〇一）。

『受教輯録』：ソウル大学校奎章閣編『奎章閣資料叢書　各司受教　受教輯録　新補受教輯録』（서울大学校奎章閣、一九九七年）。

『新増東国輿地勝覧』：『新増東国輿地勝覧』（明文堂、一九五九年）。
『通文館志』：『通文館志』（民昌文化社、一九九一年）。
『万機要覧』：四方博校訂『万機要覧』（朝鮮総督府中枢院、京城、一九三七年（財用編）、一九三八年（軍政編）。
『東萊府接倭事目抄』：『東萊府接倭状啓謄録可考事目録抄冊』서울大学校奎章閣所蔵本（請求記号　奎貴九七六四）。
『事大文軌』：『朝鮮史料叢刊七　事大文軌』（朝鮮総督府、一九三五年）。
『辺例集要』：『韓国史料叢書一六　辺例集要』上下（国史編纂委員会、一九六九・一九七〇年）。
『攷事撮要』万暦癸丑版：『奎章閣叢書第七、攷事撮要』（京城帝国大学法文学部、一九四一年）。
『攷事撮要』粛宗年間版：『攷事撮要』韓国国立中央図書館所蔵本（請求記号　한古朝九一・四〇）。
『攷事撮要』万暦乙酉版：『攷事撮要』（前田育徳会尊経閣文庫所蔵）。
『大東輿地図』：京城帝国大学法文学部編『奎章閣叢書　第二　大東輿地図』（京城帝国大学法文学部、一九三六年）。
「関西清北全図」：「関西清北全図」嶺南大学校博物館編『영남대박물관소장　韓国의　옛地図』（嶺南大学校博物館、一九九八年）
『西厓先生文集』：『韓国文集叢刊』五二（民族文化推進会、一九九〇年）。
『海月集』：『韓国文集叢刊』続一〇（民族文化推進会、二〇〇五年）。
『敬亭続集』：『韓国文集叢刊』七六（民族文化推進会、一九九一年）。
『清陰集』：『韓国文集叢刊』七七（民族文化推進会、一九九一年）。
『懶齋集』：『韓国文集叢刊』続二四（民族文化推進会、二〇〇六年）。
『無住逸稿』：『韓国文集叢刊』続二二（民族文化推進会、二〇〇六年）。
『沙西集』：『韓国文集叢刊』六七（民族文化推進会、一九九一年）。
『梨川相公使行日記』：『梨川相公使行日記』韓国国立中央図書館所蔵本（請求記号　한古朝六三—三）。
『燕行録』：『豊壌趙氏文集叢書』第二輯（豊壌趙氏花樹会、一九八七年）。
『雪海遺稿』：『韓国文集叢刊』続三〇（民族文化推進会、二〇〇六年）。

『潜谷遺稿』：『韓国文集叢刊』八六（民族文化推進会、一九九二年）。

『乱中雑録』：『大東野乗』七（朝鮮古書刊行会、一九一〇年）。

中国史料

『大明会典』：『大明会典』東京大学総合図書館所蔵本（請求記号 L一一―八〇〇）。

『明神宗実録』：『明神宗実録』全二八冊（中央研究院歴史語言研究所、台北、一九六六年）。

『本草品彙精要』（商務印書館、上海、一九五五年）。

『明史』：『明史』全二八冊（中華書局、北京、一九七四年）。

『万暦邸鈔』：『万暦邸鈔』（国立中央図書館（台北）出版、正中書局印行、一九六九年）。

「万暦四十年朝鮮国王致礼部請罷中江関市以清疆界以防奸弊事咨文」：中国国家博物館編『中国国家博物館館蔵文物研究叢書 明代檔案巻』（上海古籍出版社、二〇〇六年）、八四～八五頁。

『遼東志』：『尊経閣叢書 遼東志』（高木亥三郎発行、一九一二年）。

『旧満洲檔』：馮明珠主編『満文原檔』全一〇冊（国立故宮博物院（台北）、二〇〇五年）および神田信夫、松村潤、岡田英弘訳註『旧満洲檔 天聡九年』二冊（東洋文庫、一九七二～一九七五年）

『朝鮮国来書簿』京都大学人文科学研究所所蔵青写真コピー（請求記号 内藤―一一七）

『満文老檔』：満文老檔研究会訳註『東洋文庫叢刊一二 満文老檔』四～七（東洋文庫、一九五九～一九六三年）。

『内国史院檔』：東洋文庫清代史研究委員会編『内国史院檔 天聡七年』（東洋文庫、二〇〇三年）および清朝満洲語檔案史料の総合的研究チーム編『内国史院檔 天聡八年』（東洋文庫、二〇〇九年）。

『欽定八旗通志』：『中国史学叢書続編二 欽定八旗通志』全三〇冊（台湾学生書局、一九六八年）。

「朝鮮国王答金国汗書」中央研究院歴史語言研究所内閣大庫所蔵、登録番号〇三八一三六）。

「清太宗詔諭」：「図版二 清太宗詔諭 朝鮮総督府図書館蔵」『青丘学叢』一、一九三〇年八月。

『清太宗実録』（順治初纂）：『大清太宗文皇帝実録』国立故宮博物院図書文献館（台北）所蔵（統一編号「故官〇〇一六六九」）。
『大清全書』：早田輝洋・寺村政男『大清全書　増補改訂・附満洲語漢語索引』本文篇（東京外国語大学アジア・アフリカ言語文化研究所、二〇〇四年）。
『盛京通志』：『盛京通志　百三十巻本』上下（遼海出版社、一九九七年）
『本草綱目』：国立公文書館内閣文庫所蔵本（請求記号　別四二―八）
『五雑組』：東京大学総合図書館所蔵本（請求記号　A九〇―四八四）
『国権』：『国権』全六冊（古籍出版社出版、中華書局上海印廠印刷、新華書店発行、一九五八年）
『天工開物』『中国古代版画叢刊　天工開物』全三冊（中華書局（北京）出版、一九五九年）

その他史料

『朝鮮通交大紀』：田中健夫・田代和生校訂『朝鮮通交大紀』（名著出版、一九七八年）
Richard Cocks 発イギリス東インド会社本店宛書簡（一六一四年五月）『大日本史料』一二編一七、東京帝国大学文科大学史料編纂掛、一九一四年、四六四～四六八頁所載。
Elbert Woutersen 発オランダ東インド会社平戸商館宛書簡（一六一四年九月）『大日本史料』一二編一七、東京帝国大学文科大学史料編纂掛、一九一四年、四九九頁所載。

研究書

日本語

単行本（著者名五十音順）

石濱裕美子『清朝とチベット仏教――菩薩王となった乾隆帝』（早稲田大学出版部、二〇一一年）。
稲葉　岩吉『満洲発達史』（大阪屋号出版部、一九一五年）。

稲葉　岩吉『光海君時代の満鮮関係』（大阪屋号書店、一九三三年）。
今村　　鞆『人蔘史』全七巻（朝鮮総督府専売局、一九三四～一九四〇年）。
江嶋　壽雄『明代清初の女直史研究』（中国書店、一九九九年）
岡本　隆司『近代中国と海関』（名古屋大学出版会、一九九九年）。
川勝　平太・濱下武志編『アジア交易圏と工業化――一五〇〇―一九〇〇』（リブロポート、一九九一年）。
楠木　賢道『清初対モンゴル政策史の研究』（汲古書院、二〇〇九年）。
沢村　東平『朝鮮棉作綿業の生成と発展』（朝鮮綿花協会、一九四一年）。
篠田　治策『白頭山定界碑』（楽浪書院、一九三八年）。
末松　保和『末松保和朝鮮史著作集五　高麗朝史と朝鮮朝史』（吉川弘文館、一九九六年）。
周藤　吉之『清代満洲土地政策の研究――特に旗地政策を中心として』（河出書房、一九四四年）。
田川　孝三『毛文竜と朝鮮との関係について』（『青丘説叢』三、今西竜発行、近沢印刷部（京城）印刷並発売、彙文堂書店（京都）発売、一九三二年）。
田川　孝三『李朝貢納制の研究』（東洋文庫、一九六四年）。
田代　和生『近世日朝通交貿易史の研究』（創文社、一九八一年）。
田代　和生『日朝交易と対馬藩』（創文社、二〇〇七年）。
田中　健夫『中世対外関係史』（東京大学出版会、一九七五年）。
檀上　　寛『明代海禁＝朝貢システムと華夷秩序』（京都大学学術出版会、二〇一三年）。
松浦　　章『近世中国朝鮮交渉史の研究』（思文閣出版、二〇一三年）。
三田村泰助『清朝前史の研究』（同朋舎、一九六五年）。
和田　正広『中国官僚制の腐敗構造に関する事例研究――明清交代期の李成梁をめぐって――』（九州国際大学社会文化研究所、一九九五年）。

論文（著者名五十音順）

鮎貝房之進「市廛攷（三）」『朝鮮』三三四、一九四三年三月。

新宮　学「明代の牙行について――商税との関係を中心に」『山根教授退休記念明代史論叢』上（汲古書院、一九九〇年）。

岩井　茂樹「一六世紀中国における交易秩序の模索」『中国近世社会の秩序形成』（京都大学人文科学研究所、二〇〇四年）。

岩井　茂樹「帝国と互市――一六～一八世紀東アジアの通交」籠谷直人・脇村孝平編『帝国とアジア・ネットワーク』（世界思想社、二〇〇九年）。

浦　廉一「明末清初の鮮満関係上に於ける日本の地位（一）・（二）」『史林』一九―二、一九―三、一九三四年四月、七月。

浦　廉一「明末清初に於ける満・鮮・日関係の一考察」羽田博士還暦記念会編『羽田博士頌寿記念東洋史論叢』（東洋史研究会、一九五〇年）。

浦　廉一「近世における中・鮮・日間の経済交流」『広島大学文学部紀要』九、一九五六年三月。

江嶋　壽雄「天聡年間における朝鮮の歳幣について」『史淵』一〇一、一九六九年一一月。

江嶋　壽雄「崇徳年間における朝鮮の歳幣について」『史淵』一〇八、一九七二年八月。

鴛淵　一「清初満洲の天産物に就いて――「順治年間檔」に見ゆるもの」『ヒストリア』一二、一九五五年五月。

鴛淵　一「清鮮関係の一齣――竹瀝考」『東方學』二七、一九六四年一月。

鴛淵　一「朝鮮国来書簿の研究（一）」『遊牧社会史探求』三三、一九六八年三月。

四方　博「併合以前朝鮮貿易の概観」朝鮮貿易協会編『朝鮮貿易史』（朝鮮貿易協会、一九四三年）。

徐　仁範（渡昌弘訳）「朝鮮使節の海路朝貢路と海神信仰――『燕行録』の分析を通して」吉尾寛編『東アジア海域叢書四　海域世界の環境と文化』（汲古書院、二〇一一年）。

申　奭鎬「朝鮮中宗代の禁銀問題」『稲葉博士還暦記念満鮮史論叢』（稲葉博士還暦記念会、一九三八年）。

末松　保和「麗末鮮初における対明関係」『史学論叢　第二』（京城帝国大学文学会論纂一〇）、岩波書店、一九四一年。

杉山　清彦「八旗旗王制の成立」『東洋学報』八三（一）、二〇〇一年六月。
鈴木　開「一六二〇年の朝鮮燕行使李廷龜一行の交渉活動――光海君時代における対明外交の一局面」『東洋学報』九一（二）、二〇〇九年九月。
鈴木　開「光海君十三年（一六二一）における鄭忠信の後金派遣――光海君時代の朝鮮と後金の関係について」『朝鮮史研究会論文集』五〇、二〇一二年一〇月。
鈴木　開「辻大和報告へのコメント」『朝鮮史研究会会報』一九一、二〇一三年三月。
田川　孝三「瀋館考」小田先生頌寿記念会編『小田先生頌寿記念朝鮮論集』（大阪屋号書店、一九三四年）。
田川　孝三「朝鮮淡婆姑小考」『朝鮮行政』一―二、一九三七年二月。
田中　克己「清鮮間の兀良哈（ワルカ）問題」『史苑』二〇（二）、一九五九年一二月。
田中　健夫『中世対外関係史』（東京大学出版会、一九七五年）。
谷井　陽子「八旗制度再考（二）」『天理大学学報』五七（二）、二〇〇六年二月。
檀上　寛「明代海禁概念の成立とその背景――違禁下海から下海通番へ」『東洋史研究』六三（三）、二〇〇四年一二月、四二一頁。
鶴見　立吉「会寧開市に就て」『朝鮮史学』四、一九二六年四月。
鶴見　立吉「会寧開市に就て（再ひ）」『朝鮮史学』五、一九二六年五月。
寺内威太郎「李氏朝鮮と清朝との辺市について（一）――会寧・慶源開市を中心として――」『駿台史学』五八、一九八三年三月。
寺内威太郎「李氏朝鮮と清朝との辺市について（二）――会寧・慶源開市を中心として――」『駿台史学』五九、一九八三年九月。
寺内威太郎「慶源開市と琿春」『東方學』七〇、一九八五年七月。
寺内威太郎「義洲中江開市について」『駿台史学』六六、一九八六年二月。
寺内威太郎「初期の会寧開市――朝鮮の対応を中心に」『駿台史学』一〇八、一九九九年一二月。
寺内威太郎「近世における朝鮮北部地域と中国東北地方との政治経済関係に関する研究」『明治大学人文科学研究所紀要』四八、

二〇〇一年三月。
中村　栄孝「満鮮関係の新史料――清太宗朝鮮征伐に関する古文書」『青丘学叢』一、一九三〇年八月。
中村　栄孝「江戸時代の日鮮関係」『日鮮関係史の研究』下（吉川弘文館、一九六九年）。
中村　栄孝「己酉約条再考」『朝鮮学報』一〇一、一九八一年一〇月。
畑地　正憲「清朝と李氏朝鮮との朝貢貿易について――特に鄭商の盛衰をめぐって」『東洋学報』六二（三・四）、一九八一年三月。
平野　隆「朝鮮貿易と対馬藩」『歴史学研究』六―六、一九三六年六月。
夫馬　進「一六〇九年、日本の琉球併合以降における中国・朝鮮の対琉球外交」『朝鮮史研究会論文集』四六、二〇〇八年一〇月。
増井　寛也「クルカとクヤラ――清代琿春地方の少数民族」『立命館文学』五一四、一九八九年一二月。
松浦　章「明朝末期の朝鮮使節の見た北京」岩見宏・谷口規久雄編『明末清初期の研究』（京都大学人文科学研究所、一九八九年）。
松浦　章「袁崇煥と朝鮮使節」『史泉』六九、一九八九年三月。
松浦　茂「ヌルハチ（清・太祖）の徙民政策」『東洋学報』六七（三・四）、一九八六年三月。
閔　徳　基『前近代東アジアのなかの韓日関係』（早稲田大学出版会、一九九四年）。
森　克己「中世末・近世初頭における対馬宗氏の朝鮮貿易」『九州文化史研究所紀要』一、一九五一年三月。
森岡　康「丁卯の乱後に於ける贖還問題」『朝鮮学報』三二、一九六四年七月。
森岡　康「第二次清軍入寇後の朝鮮人捕虜の売買」『朝鮮学報』一〇九、一九八三年一〇月。
森岡　康「第二次清軍入寇後の朝鮮潜商の一管見」榎博士頌寿記念東洋史論叢編纂委員会編『榎博士頌寿記念東洋史論叢』（汲古書院、一九八八年）。
山口　正之「昭顕世子と湯若望」『青丘学叢』五、一九三一年八月。
米谷　均「一七世紀日朝関係における武器輸出について」『史学雑誌』一〇八―一二、一九九九年一二月。

李　啓　煌『文禄慶長の役と東アジア』（臨川書店、一九九七年）。
渡辺　美季「琉球侵攻と日明関係」『東洋史研究』六八―三、二〇〇九年一二月。

朝鮮語

単行本（著者名カナダ順）

姜　万　吉『朝鮮後期商業資本의 発達』（高麗大学校出版部、一九七〇年）。
権　乃　鉉『朝鮮後期平安道財政研究』（知識産業社、二〇〇四年）。
桂　勝　範『朝鮮時代海外派兵과 韓中関係』（푸른역사、二〇一〇年）。
金　鐘　円『근세 동아시아　관계사 연구：朝清交渉과 東亞三国交易을 중심으로』（혜안、一九九九年）。
金　致　雨『攷事撮要의 書誌的研究――特히 冊版目録을 中心으로』（成均館大学校大学院図書館学科碩士学位論文、一九七二年）。
孫　兌　鉉『増訂　韓国海運史』（暁星出版社、一九九七年）。
李　迎　春『朝鮮後期王位継承研究』（集文堂、一九九八年）。
李　哲　成『朝鮮後期対清貿易史研究』（国学資料院、二〇〇〇年）。
鄭　成　一『朝鮮後期対日貿易』（新書苑、二〇〇〇年）。
정　은　주『조선시대 사행기록화――옛 그림으로　읽는 한중관계사』（사회평론、二〇一二年）。
韓　明　基『임진왜란과 한중관계』（歴史批評社、一九九九年）。
韓　明　基『정묘・병자호란과 동아시아』（푸른역사、二〇〇九年）。

論文（著者名カナダ順）

丘　凡　真「清의　朝鮮使行人選과〝清帝国体制〟」『인문논총』五九、二〇〇八年六月。
金　聖　七「燕行小攷――朝中交渉史의 一齣」『歴史学報』一二、一九六〇年五月。

金鐘円「朝鮮後期 対清貿易에 대한 一考察」『中国問題研究』五、一九八〇年九月。
金鐘円「初期 朝清貿易 交渉考（天命朝）」『釜山大学校人文科学論文集』二〇、一九八〇年一二月。
金鐘円「初期 朝清貿易 交渉考（天聡朝）」『釜山大学校人文論叢』二二、一九八二年一二月。
朴興秀「李朝尺度에 関한 研究」『大東文化研究』四、一九六七年七月。
宋美玲「入関前 清朝의 瀋陽館統制様相」『明清史研究』三〇、二〇〇八年一〇月。
안유림「명청교체기 瀋陽館의 역할」『韓国文化』五〇、二〇一〇年六月。
呉 星「朝鮮後期「蔘商」에 대한考察——私商의 台頭와 관련하여」『韓国学報』五—四、一九七九年一二月。
柳承宙「一七世紀 私貿易에 과한 一考察——朝・清・日間의 焔硝・硫黄貿易을 中心으로」『弘大論叢』X、一九七九年二月。
유승주・이철성『조선후기 중국과의 무역사』（景仁文化社、二〇〇二年）。
李竜範「成釱의 蒙古牛買入과 枝三・南草」『震檀学報』二八、一九六五年一二月。
李鉉淙「明使接待考」『郷土서울』一二、一九六一年一一月。
李鉉宗「己酉約条成立仕末과 歳遣船数에 대하여」『港都釜山』四、一九六四年一〇月。
李賢淑「一六～一七世紀朝鮮의 対中国輸出政策에 関한 研究」『弘益史学』六、一九九六年二月。
李賢淑「倭乱胡乱時期朝鮮의 対中国輸入政策에 対한 研究」『白山学報』六八、二〇〇四年四月。
全海宗「倭乱・胡乱 時의 劉海와 劉興祚」『暁城趙明基博士華甲記念仏教史学論叢』（同書刊行委員会、一九六五年）。
全海宗「韓中朝貢 関係考——韓中関係史의 鳥瞰을 위한 導論」『東洋史学研究』一、一九六六年一〇月。
全海宗「丁卯胡乱의 和平交渉에 대하여」『亜細亜学報』三、一九六七年五月。
全海宗「清代韓中関係의 一考察——朝貢制度를 통하여 본 清의 態度의 變遷에 대하여」『東洋学』一、一九七一年一〇月。
鄭恩主「明清交替期 対明 海路使行記録画研究」『明清史研究』二七、二〇〇七年四月。
趙麒永「雪汀 李忔의『朝天日記』연구」『東洋古典研究』七、一九九六年一二月。

趙璣濬「人蔘貿易와 蔘政考」『社会科学論集　高麗大学校政経大学』四、一九七五年一二月。

車文燮「宣祖朝의　訓錬都監」『史学志』四、一九七〇年一一月。

許泰玖「一七세기　朝鮮의 焔硝貿易과　火薬製造法 발달」『韓国史論』四七、二〇〇二年六月。

洪性徳「一七世紀初　対日政策의 確立過程과 그 性格」『全北史学』一九・二〇、一九九七年五月。

中国語

単行本（著者名ピンイン順）

李花子『清朝与朝鮮関係史研究』（延辺大学出版社、二〇〇六年）。

劉家駒『清朝初期的中韓関係』（文史哲出版社、一九八六年）。

呉一煥『海路・移民・遺民社会――以明清之際中朝交往為中心』（天津古籍出版社、二〇〇七年）。

張存武『清韓宗藩貿易――一六三七～一八九四』（中央研究院近代史研究所（台北）、一九七八年）。

論文（著者名ピンイン順）

林楓「万暦礦監税使原因再探」『中国社会経済史研究』八〇、二〇〇二年三月。

林基中「一七世紀的水路『燕行録』与登州」『登州港与中韓交流国際学術討論会論文集』（山東大学出版社、二〇〇五年）。

劉家駒「崇徳改元与太宗伐朝鮮之役」『沈剛伯先生八秩栄慶論文集』（聯経出版事業公司、一九七六年）。

劉家駒「天聡元年阿敏等伐朝鮮之役与金国朝鮮兄弟之盟」『食貨月刊』復刊第七巻第一〇期、一九七八年一月。

劉家駒「金国、朝鮮之建交与開市」『食貨月刊』復刊第九巻第一、二期、一九七九年五月。

劉家駒「清初朝鮮助兵攻陥皮島始末」『食貨月刊』復刊第一一巻第五期、一九八一年七月。

劉家駒「清初与朝鮮締結媾婚及朝鮮進献侍女考」『食貨月刊』復刊第一二巻第三期、一九八二年六月。

劉家駒「清初徴兵朝鮮始末（上）」『食貨月刊』復刊第一二巻第九期、一九八三年二月。

劉家駒「清初徴兵朝鮮始末（下）」『食貨月刊』復刊第一二巻第一二期、一九八三年三月。

劉家駒「清初朝鮮世子等入質瀋陽始末」『中韓関係史国際検討会論文集　九六〇～一九四九』（中華民国韓国研究学会、一九八三年）。

荘吉発「満鮮通市考」『食貨月刊』復刊第五巻第六期、一九七五年九月。

鄒振環「明末清初朝鮮的赴京使団与漢文西書的東伝」『韓国研究論叢』四、一九九八年二月。

英語

John K. Fairbank ed. *The Chinese World Order: Traditional China's Foreign Relations*, Cambridge, Mass: Harvard University Press, 1968.

Ray Huang, *Taxation and Governmental Finance in Sixteenth-Century Ming China*, Cambridge: Cambridge University Press, 1974.

James B. Lewis, *Frontier Contact between Chosŏn Korea and Tokugawa Japan*, London: RoutledgeCurzon, 2003.

あとがき

本書は二〇一四年度に東京大学大学院人文社会系研究科に提出した博士論文「一七世紀朝鮮の対明清貿易政策」を加筆修正したものである。

本書ができあがる過程を以下に簡潔に記し、関係する機関、方々に御礼申し上げることとしたい。

筆者が朝鮮半島に漠然とした関心を持ち始めたのは武蔵中学高等学校在学時であった。英語科、社会科をはじめとする先生方のユニークな授業、中学三年時からの第二外国語の韓国朝鮮語には大きく方向付けられたといえよう。

韓国朝鮮研究に本格的に触れ始めたのは東京大学教養学部（駒場）の大学一年時であり、伊藤亜人先生や、本郷の文学部から出講されていた（「持ち出し科目」の）吉田光男先生の授業は実に刺激的であった。駒場では第二外国語は中国語を選択したものの、幸運にも岩本通弥先生、木宮正史先生や生越直樹先生らによる韓国朝鮮語文献講読の授業を受けるという幸運に浴したが、どれも少人数の授業であり、韓国朝鮮語読解能力が向上した。また学部二年時まで文学部に在籍されていたロナルド・トビ先生に接することができたのも良い思い出である。

そのようなこともあり、学部三年の後期課程への進学までには朝鮮に関する研究を志すようになっていた。結局モノに関する研究を行いたいということで文学部東洋史学専修課程に進学した。東洋史研究室では、韓国朝鮮文化研究室と兼任されていた吉田光男先生と六反田豊先生のゼミ、故・桜井由躬雄先生、岸本美緒先生のゼミに参加した（開講されなかった年もあるので一年度に四つのゼミに出席したわけではない）。漢文史料を読むのは初めてのことであり、大変苦労した。吉田ゼミでは『備辺司謄録』を、六反田ゼミでは『択里志』を講読した。両ゼミでは朝鮮漢文史料の手ほどきを受け、今につながる財産となっている。六反田ゼミの『択里志』は朝鮮時代の地誌であるが、朝鮮各地の史話に触れることができ、興味を大いに引かれた。桜井ゼミでは東南アジア史関係の欧米の研究書を輪読したほか、岸本ゼミでは『皇朝経世文編』を講読した。学部から修士課程にかけては桜井由躬雄先生が顧問を務められた「アジア農村研究会」に都合六回参加させていただき、先輩方の助けを受けて農村調査の経験を積むことができた。農村調査とは現在縁遠くなっているが、ミクロな研究もいずれ行って桜井先生の学恩に報わねばと考えている。卒業論文では結局、朝鮮半島の自然・社会・経済に関するテーマとして、一八世紀平安道の人蔘問題をとりあげたものの、まだ論文発表を行えていない。

大学院は東京大学大学院人文社会系研究科韓国朝鮮文化研究専攻に進学し、吉田光男先生、六反田豊先生のゼミに継続して出席した。修士課程はあっという間であったが、韓国朝鮮文化研究室の川原秀城先生、早乙女雅博先生、故・服部民夫先生、福井玲先生、本田洋先生、村井章介先生の研究の片鱗に触れられたのが良かったようにおもう。修士時代には卒業論文の内容を朝鮮史研究会関東部会例会で発表するという恐怖体験（?）を積んだが、それ以来朝鮮史研究会には現在まで深くお世話になっている。また吉田光男先生の農村調査（「両班ツアー」）に同行して韓国各地の両班後孫のお宅を訪問できたことも記しておくべきであろう。

同研究室の博士課程に進学後は朝鮮学会ではじめて学会発表を行わせていただき、以来朝鮮学会の先生方にも大いにお世話になっている。二〇〇八年度に財団法人松下国際財団（現・公益財団法人松下幸之助記念財団）の奨学金（松下アジアスカラシップ）をいただいて韓国に二年間留学したが、その際の調査内容が本書の大きな母体になった。ソウル大学校人文大学国史学科では権泰檍先生が受け入れてくださり、鄭玉子先生、李相瓚先生の講義を聞くことができ、数々のご配慮を現在までいただいている。また同大学院の諸兄姉も親切にしてくださり、研究会に誘ってくれたのが忘れられない。とりわけ韓国歴史研究会の国際関係史班立ち上げにたまたま同席することができたが、二〇一八年現在まで活発に活動を続けているとのことで、うれしい限りである。ソウル大学の先生方、先輩方は留学終了後も折りをみて連絡をくださりありがたく存じる。留学二年時には故・呉星先生のご紹介により、崔起栄先生が西江大学校国際地域文化院に私を受け入れてくださった。崔起栄先生はその後も上海や東京など、ご一緒することがあり、ありがたい限りである。ソウル留学中は、井上和枝先生のご紹介を受け、当時落星垈経済研究所に在籍していた柳尚潤先生に出会え、今につづく趙映俊先生らとの交流が生まれたことも記しておかねばならない。

ソウルでの二年間は韓国史研究の状況について学習を深めることができたが、ソウル大学校奎章閣や、国立中央図書館、国史編纂委員会をはじめとする資料所蔵機関で時間を気にすることなく資料調査を行うことができた。本書はこのときの資料保存機関での調査が大きな契機となっている。このころまでには一七世紀明清交替期の朝鮮の貿易を博士論文のテーマとすることをすでに決めていた。

二〇一〇年の帰国後は日本学術振興会特別研究員ＤＣ２に採用していただき、研究を続けることができた。中国第一歴史檔案館（北京）や中央研究院歴史語言研究所（台北）、国立故宮博物院図書文献館（台北）をはじめて訪問したのはこのときの科学研究費（特別研究員奨励費）による。この時期にはさらに早稲田大学の李成市先生のご紹介を受け、柳澤明先生の満洲語文献研究会に参加する機会もいただいた。

二〇一二年には学習院大学東洋文化研究所に助教として採用され、杉田善弘所長率いる体制のもと学会や雑誌に発表を続けることができた。研究所時代の出来事として重要なのは「朝鮮総督府関係者録音記録セクション」への参加であろう。岡孝先生、磯崎典世先生がリーダーとなり、宮田節子先生が監修を行うプロジェクトであるが、解説・注釈作業をお願いした、朝鮮近代史の各先生の研究に大いに助けられた。また二〇一四年には一般社団法人昭和会館の助成をいただいて東アジアの歴史コンテンツについても研究も行うことができ、学校法人学習院戦略枠事業として、新収の朝鮮半島関係資料（小倉進平関係文書、池田佐忠関係資料など）の調査研究も行うことができた。二〇一四・二〇一五年度には科学研究費（若手研究B）の助成もいただいた。東洋文化研究所では所長、運営委員、研究員、客員研究員の先生方、歴代の助教、副手、アルバイトの皆様に大変お世話になった。

二〇一四年度の博士論文審査に際しては主査の六反田豊先生、副査の早乙女雅博先生、吉澤誠一郎先生、糟谷憲一先生、吉田光男先生のお手を煩わせたが、各先生に深く御礼申し上げる次第である。

学習院大学東洋文化研究所の任期満了後の二〇一七年前半には半年間であるが東京大学附属図書館アジア研究図書館上廣倫理財団寄付研究部門（U-PARL）に特任研究員としてお世話になった。公益財団法人上廣倫理財団、東京大学附属図書館には研究環境を整えていただき研究を続けることができた。財団、図書館の皆様には短い期間で恐縮ながらも温かく受け入れてくださりありがたく存じる。

二〇一七年一〇月からは横浜国立大学大学院都市イノベーション研究院に採用していただき、教育・研究を続けることができている。横浜国立大学の同僚教職員の皆様には日々大変お世話になっているほか、同大学大学院都市イノベーション学府および教育人間科学部の受講学生には新米教員への暖かい声援をいただいている。横浜国立大学の研究環境のもと本書を刊行まで持って行くことができたことを記しておきたい。

またこれまで高崎経済大学経済学部、東京理科大学工学部、中央大学文学部、学習院大学基礎教養科目で筆者が非常勤として出講した授業からも多くの示唆をえた。既述した学会・研究会のほかに、筆者が参加・発表などを行ったことのある、韓国朝鮮文化研究会、朝鮮前近代史若手研究者の会、中国近世史研究会、九州史学会朝鮮学部会、朝鮮史料研究会、東アジア三国若手歴史家セミナー、朝鮮前近代対外関係史研究会、嗜好品の文化人類学研究会（日本文化人類学会課題研究懇談会）の皆様にも厚く御礼申し上げたい。同時に投稿論文を審査してくださった、匿名査読者の先生方にも御礼申し上げたい。

以上のように筆者はもったいないほど恵まれた学恩に浴しているが、本書がそれに満足に報いているかは心許ない限りである。本書で扱いきれなかった事項は多岐にわたるが、今後の研究生活のなかで恩返しをしていきたい。

本書は平成二九年度東京大学学術成果刊行助成制度に採用していただき、汲古書院の社長・三井久人氏、同編集部の柴田聡子氏のご助力により完成したものである。東京大学本部と汲古書院に深く御礼申し上げる。

最後にこれまで筆者の研究生活を暖かく見守ってくれた両親、姉の家族に感謝しつつ、本書を終わりとしたい。

二〇一八年一月

辻　大　和

索　　引

事項索引

人名索引

著者略歴

辻　大和（つじ　やまと）

1982 年　東京都生まれ

2015 年　東京大学大学院人文社会系研究科博士課程修了。博士（文学）。

2012 年学習院大学東洋文化研究所助教、東京大学附属図書館アジア研究図書館上廣倫理財団寄付研究部門（U-PARL）特任研究員を経て、2017 年より横浜国立大学大学院都市イノベーション研究院准教授。

主要編著書・論文

『調査研究報告 60 号　小倉進平関係文書目録』学習院大学東洋文化研究所、2016 年（共編著）

『アジア遊学 179 号　朝鮮朝後期の思想と社会』勉誠出版、2015 年（共著）

「丙子の乱後朝鮮の対清貿易について」『内陸アジア史研究』30、2015 年（単著）

汲古叢書151

朝鮮王朝の対中貿易政策と明清交替

平成三〇年二月二〇日　発行

著　者　辻　大和

発行者　三井久人

整　版　株式会社理想社
印　刷　株式会社理想社

発行所　汲古書院

〒102-0072 東京都千代田区飯田橋二―五―四
電話〇三（三二六五）九七六四
FAX〇三（三二二二）一八四五

ISBN978-4-7629-6050-5　C3322

133	中国古代国家と情報伝達	藤田　勝久著	15000円
134	中国の教育救国	小林　善文著	10000円
135	漢魏晋南北朝時代の都城と陵墓の研究	村元　健一著	14000円
136	永楽政権成立史の研究	川越　泰博著	7500円
137	北伐と西征—太平天国前期史研究—	菊池　秀明著	12000円
138	宋代南海貿易史の研究	土肥　祐子著	18000円
139	渤海と藩鎮—遼代地方統治の研究—	高井康典行著	13000円
140	東部ユーラシアのソグド人	福島　　恵著	10000円
141	清代台湾移住民社会の研究	林　　淑美著	9000円
142	明清都市商業史の研究	新宮　　学著	11000円
143	睡虎地秦簡と墓葬からみた楚・秦・漢	松崎つね子著	8000円
144	清末政治史の再構成	宮古　文尋著	7000円
145	墓誌を用いた北魏史研究	窪添　慶文著	15000円
146	魏晋南北朝官人身分制研究	岡部　毅史著	10000円
147	漢代史研究	永田　英正著	13000円
148	中国古代貨幣経済の持続と転換	柿沼　陽平著	13000円
149	明代武臣の犯罪と処罰	奥山　憲夫著	15000円
150	唐代沙陀突厥史の研究	西村　陽子著	近　刊
151	朝鮮王朝の対中貿易政策と明清交替	辻　　大和著	8000円

（表示価格は2018年２月現在の本体価格）

100	隋唐長安城の都市社会誌	妹尾　達彦著	未　刊
101	宋代政治構造研究	平田　茂樹著	13000円
102	青春群像－辛亥革命から五四運動へ－	小野　信爾著	13000円
103	近代中国の宗教・結社と権力	孫　　江著	12000円
104	唐令の基礎的研究	中村　裕一著	15000円
105	清朝前期のチベット仏教政策	池尻　陽子著	8000円
106	金田から南京へ－太平天国初期史研究－	菊池　秀明著	10000円
107	六朝政治社會史研究	中村　圭爾著	12000円
108	秦帝國の形成と地域	鶴間　和幸著	13000円
109	唐宋変革期の国家と社会	栗原　益男著	12000円
110	西魏・北周政権史の研究	前島　佳孝著	12000円
111	中華民国期江南地主制研究	夏井　春喜著	16000円
112	「満洲国」博物館事業の研究	大出　尚子著	8000円
113	明代遼東と朝鮮	荷見　守義著	12000円
114	宋代中国の統治と文書	小林　隆道著	14000円
115	第一次世界大戦期の中国民族運動	笠原十九司著	18000円
116	明清史散論	安野　省三著	11000円
117	大唐六典の唐令研究	中村　裕一著	11000円
118	秦漢律と文帝の刑法改革の研究	若江　賢三著	12000円
119	南朝貴族制研究	川合　　安著	10000円
120	秦漢官文書の基礎的研究	鷹取　祐司著	16000円
121	春秋時代の軍事と外交	小林　伸二著	13000円
122	唐代勲官制度の研究	速水　　大著	12000円
123	周代史の研究	豊田　　久著	12000円
124	東アジア古代における諸民族と国家	川本　芳昭著	12000円
125	史記秦漢史の研究	藤田　勝久著	14000円
126	東晉南朝における傳統の創造	戸川　貴行著	6000円
127	中国古代の水利と地域開発	大川　裕子著	9000円
128	秦漢簡牘史料研究	髙村　武幸著	10000円
129	南宋地方官の主張	大澤　正昭著	7500円
130	近代中国における知識人・メディア・ナショナリズム	楊　　韜著	9000円
131	清代文書資料の研究	加藤　直人著	12000円
132	中国古代環境史の研究	村松　弘一著	12000円

67	宋代官僚社会史研究	衣川　強著	品　切
68	六朝江南地域史研究	中村　圭爾著	15000円
69	中国古代国家形成史論	太田　幸男著	11000円
70	宋代開封の研究	久保田和男著	10000円
71	四川省と近代中国	今井　駿著	17000円
72	近代中国の革命と秘密結社	孫　江著	15000円
73	近代中国と西洋国際社会	鈴木　智夫著	7000円
74	中国古代国家の形成と青銅兵器	下田　誠著	7500円
75	漢代の地方官吏と地域社会	髙村　武幸著	13000円
76	齊地の思想文化の展開と古代中國の形成	谷中　信一著	13500円
77	近代中国の中央と地方	金子　肇著	11000円
78	中国古代の律令と社会	池田　雄一著	15000円
79	中華世界の国家と民衆　上巻	小林　一美著	12000円
80	中華世界の国家と民衆　下巻	小林　一美著	12000円
81	近代満洲の開発と移民	荒武　達朗著	10000円
82	清代中国南部の社会変容と太平天国	菊池　秀明著	9000円
83	宋代中國科擧社會の研究	近藤　一成著	12000円
84	漢代国家統治の構造と展開	小嶋　茂稔著	品　切
85	中国古代国家と社会システム	藤田　勝久著	13000円
86	清朝支配と貨幣政策	上田　裕之著	11000円
87	清初対モンゴル政策史の研究	楠木　賢道著	8000円
88	秦漢律令研究	廣瀬　薫雄著	11000円
89	宋元郷村社会史論	伊藤　正彦著	10000円
90	清末のキリスト教と国際関係	佐藤　公彦著	12000円
91	中國古代の財政と國家	渡辺信一郎著	14000円
92	中国古代貨幣経済史研究	柿沼　陽平著	品　切
93	戦争と華僑	菊池　一隆著	12000円
94	宋代の水利政策と地域社会	小野　泰著	9000円
95	清代経済政策史の研究	黨　武彦著	11000円
96	春秋戦国時代青銅貨幣の生成と展開	江村　治樹著	15000円
97	孫文・辛亥革命と日本人	久保田文次著	20000円
98	明清食糧騒擾研究	堀地　明著	11000円
99	明清中国の経済構造	足立　啓二著	13000円

34	周代国制の研究	松井　嘉徳著	9000円
35	清代財政史研究	山本　進著	7000円
36	明代郷村の紛争と秩序	中島　楽章著	10000円
37	明清時代華南地域史研究	松田　吉郎著	15000円
38	明清官僚制の研究	和田　正広著	22000円
39	唐末五代変革期の政治と経済	堀　敏一著	12000円
40	唐史論攷－氏族制と均田制－	池田　温著	18000円
41	清末日中関係史の研究	菅野　正著	8000円
42	宋代中国の法制と社会	高橋　芳郎著	8000円
43	中華民国期農村土地行政史の研究	笹川　裕史著	8000円
44	五四運動在日本	小野　信爾著	8000円
45	清代徽州地域社会史研究	熊　遠報著	8500円
46	明治前期日中学術交流の研究	陳　捷著	品　切
47	明代軍政史研究	奥山　憲夫著	8000円
48	隋唐王言の研究	中村　裕一著	10000円
49	建国大学の研究	山根　幸夫著	品　切
50	魏晋南北朝官僚制研究	窪添　慶文著	14000円
51	「対支文化事業」の研究	阿部　洋著	22000円
52	華中農村経済と近代化	弁納　才一著	9000円
53	元代知識人と地域社会	森田　憲司著	9000円
54	王権の確立と授受	大原　良通著	品　切
55	北京遷都の研究	新宮　学著	品　切
56	唐令逸文の研究	中村　裕一著	17000円
57	近代中国の地方自治と明治日本	黄　東蘭著	11000円
58	徽州商人の研究	臼井佐知子著	10000円
59	清代中日学術交流の研究	王　宝平著	11000円
60	漢代儒教の史的研究	福井　重雅著	品　切
61	大業雑記の研究	中村　裕一著	14000円
62	中国古代国家と郡県社会	藤田　勝久著	12000円
63	近代中国の農村経済と地主制	小島　淑男著	7000円
64	東アジア世界の形成－中国と周辺国家	堀　敏一著	7000円
65	蒙地奉上－「満州国」の土地政策－	広川　佐保著	8000円
66	西域出土文物の基礎的研究	張　娜麗著	10000円

汲古叢書

1	秦漢財政収入の研究	山田　勝芳著	本体 16505円
2	宋代税政史研究	島居　一康著	12621円
3	中国近代製糸業史の研究	曾田　三郎著	12621円
4	明清華北定期市の研究	山根　幸夫著	7282円
5	明清史論集	中山　八郎著	12621円
6	明朝専制支配の史的構造	檀上　寛著	品　切
7	唐代両税法研究	船越　泰次著	12621円
8	中国小説史研究－水滸伝を中心として－	中鉢　雅量著	品　切
9	唐宋変革期農業社会史研究	大澤　正昭著	8500円
10	中国古代の家と集落	堀　敏一著	品　切
11	元代江南政治社会史研究	植松　正著	13000円
12	明代建文朝史の研究	川越　泰博著	13000円
13	司馬遷の研究	佐藤　武敏著	12000円
14	唐の北方問題と国際秩序	石見　清裕著	品　切
15	宋代兵制史の研究	小岩井弘光著	10000円
16	魏晋南北朝時代の民族問題	川本　芳昭著	品　切
17	秦漢税役体系の研究	重近　啓樹著	8000円
18	清代農業商業化の研究	田尻　利著	9000円
19	明代異国情報の研究	川越　泰博著	5000円
20	明清江南市鎮社会史研究	川勝　守著	15000円
21	漢魏晋史の研究	多田　狷介著	品　切
22	春秋戦国秦漢時代出土文字資料の研究	江村　治樹著	品　切
23	明王朝中央統治機構の研究	阪倉　篤秀著	7000円
24	漢帝国の成立と劉邦集団	李　開元著	9000円
25	宋元仏教文化史研究	竺沙　雅章著	品　切
26	アヘン貿易論争－イギリスと中国－	新村　容子著	品　切
27	明末の流賊反乱と地域社会	吉尾　寛著	10000円
28	宋代の皇帝権力と士大夫政治	王　瑞来著	12000円
29	明代北辺防衛体制の研究	松本　隆晴著	6500円
30	中国工業合作運動史の研究	菊池　一隆著	15000円
31	漢代都市機構の研究	佐原　康夫著	13000円
32	中国近代江南の地主制研究	夏井　春喜著	20000円
33	中国古代の聚落と地方行政	池田　雄一著	15000円